EL PODER DEL CORAZÓN

EL PODER DEL
CORAZÓN

Encuentra tu verdadero
propósito en la vida

Baptist de Pape

ATRIA ESPAÑOL

· Nueva York · Londres · Toronto · Sydney · Nueva Delhi

Índice

Prefacio
Mi propio camino

Comprender el destino de uno es la única obligación de una persona.

—PAULO COELHO, *EL ALQUIMISTA*

Me acababa de graduar de la escuela de derecho y recibí una oferta lucrativa y un contrato de empleo en una de las firmas de abogados más prestigiosas del mundo. Estaba sólo a una firma de distancia de una gloriosa carrera, y sin embargo, decidí no firmar.

Había empezado a pensar: ¿qué era lo que realmente quería de la vida? ¿Cuál era mi meta? Llevaba meses buscando un trabajo que me conviniera, pero la perspectiva de participar en un prestigioso bufete de abogados y de viajar por el mundo con el fin de asesorar a empresas multinacionales en sus operaciones ya no me parecía adecuado, a pesar de que había trabajado duro para obtener mi grado y una oportunidad laboral. Sentía que había perdido mi camino y estaba preocupado por mi futuro. ¿Qué haría? A medida que me preocupaba cada vez más, sentía que mi mundo se desintegraba lentamente.

Muy tarde una noche, me encontré observando en la oscuridad de mi dormitorio, mi mente agitada por la ansiedad. Incapaz de dormir, decidí levantarme y ver algunos videos de YouTube en mi portátil. Hice clic en una clase web con Oprah Winfrey y Eckhart Tolle, llamada *Una Nueva Tierra: Despertando al propósito de tu vida*. Inmediatamente, Oprah llamó mi atención cuando dijo: «No creo que haya nada más importante que despertar a lo que sea el propósito de tu vida».

Eso hizo que me preguntara: *¿Era eso por lo que yo estaba pasando? ¿Estaba tratando de despertar al propósito de mi vida?*. En el instante en que tuve ese pensamiento, sentí un poderoso impulso en mi corazón que nunca antes había sentido. Era como si mi propio corazón estuviera respondiendo a mis preguntas internas y quisiera que lo escuchara de inmediato.

Cuando desvié mi atención de aquella sorprendente sensación y me concentré de nuevo en la clase, Tolle decía: «Está bien preguntarte lo que quieres de la vida, pero una pregunta mucho más importante es: ¿Qué quiere la vida de *ti*? ¿Qué tiene reservada la vida para ti?». Para averiguarlo, dijo Tolle, es importante permitir momentos de silencio en tu vida porque el silencio puede ayudarte a escapar del ruido mental que llamamos «pensar». Los pensamientos y preocupaciones habituales pueden ahogar otros mensajes que la vida te envía: las señales silenciosas que pueden servirte de guía para encontrar tu propósito. Eso también sonó como lo que yo estaba viviendo; tenía tantas preocupaciones que no podía entender lo que debía hacer.

Ahora que pienso en esa noche, creo que fui guiado hacia esa clase. Las observaciones de Oprah y de Tolle cambiaron por completo mi conciencia y mi vida.

A la mañana siguiente, decidí seguir el consejo de Tolle y buscar el silencio. Salí a dar un largo paseo por el bosque bajo una lluvia torrencial. Mientras me sintonizaba con la tranquilidad a mi alrededor, percibí una envolvente sensación intensa de calma y sin precedentes. No sólo estaba a mi alrededor, sino también dentro de mí. Por primera vez en mi vida, me vi liberado de los pensamientos y preocupaciones que me habían tomado como rehén. Sentí que podía preguntar lo que debía hacer con mi vida y abrirme para aceptar cualquier respuesta que se me presentara, ya fuera que encajara o no con mis viejas ideas acerca de mi carrera y mi futuro. Me di cuenta de que había tenido miedo de permitirme aceptar que no quería ser abogado después de todo el trabajo y el tiempo que le había dedicado. Además, no quería decepcionar a mis padres, que habían estado orgullosos de mi éxito académico y de la elección de mi carrera.

Permanecí quieto, disfrutando de la sensación de paz interior que había encontrado, de liberarme de las expectativas. Pregunté en silencio: *¿Qué quiere la vida de mí?* Inmediatamente sentí otro poderoso impulso en mi corazón, que fue aún más fuerte que el de la noche anterior. Era casi doloroso, como si *tuviera* que ser intenso para que le prestara atención, y para que «recibiera» la respuesta que me estaba dando. Sentí como si mi corazón se hubiera abierto de verdad. La oleada de emoción fue tan fuerte que empecé a llorar.

De repente, vi mi propósito en la vida. Era completamente claro para mí: tenía que explorar este poder del corazón, esta energía que se había apoderado de mí. Tenía que buscar a los principales pensadores, escritores espirituales y maestros de hoy, y pedirles sus puntos de vista sobre el corazón. Y tenía que grabar también su sabiduría para la posteridad. Tenía que hacer una película sobre el corazón.

Obviamente, mi mente nunca me habría dado esta directriz porque yo no tenía experiencia haciendo películas. Y, sin embargo, nunca dudé de que esta fuera mi tarea. Había despertado al propósito de mi vida. La sensación fue tan abrumadora que me dejó sin otra opción que perseguir realmente ese llamado: vería la vida a través del poder del corazón, y haría una película sobre eso.

Me fui a casa, empaqué mi maleta y contraté a un equipo de camarógrafos. Nada iba a impedirme hacer lo que la vida quería de mí.

El propósito de la vida es tener una vida con propósito.

—GEORGE BERNARD SHAW

Durante los dos años siguientes, viajé por el mundo y tuve la suerte de conocer y hablar con dieciocho influyentes líderes espirituales, científicos y pensadores de diversas culturas y procedencias. Entre ellos estaban Isabel Allende, Maya Angelou, Michael Beckwith, Paulo Coelho, Deepak Chopra, Joe Dispenza, Linda Francis, Jane Goodall, John Gray, Rollin McCraty, Howard Martin, Ruediger Schache, Marci Shimoff, Dean Shrock, Eckhart Tolle, Neale Donald Walsh, Marianne Williamson y Gary Zukav. Gracias a sus inspiradoras y notables historias acerca de la influencia del corazón en sus vidas, estos maestros hicieron contribuciones únicas a mi propia visión de la película —y al camino de mi vida—, por lo que considero que son cocreadores de la película y del libro (sus biografías están al final de este libro).

Los cocreadores me dieron el privilegio de entrevistarlos y filmarlos, y juntos creamos un sensacional retrato del corazón. Ellos me ofrecieron una confirmación impresionante, y a veces conmovedora, de mi propia convicción de que el corazón es más que un órgano que bombea sangre por todo el cuerpo: sin lugar a dudas, el corazón es una fuente inagotable de amor, comprensión e inteligencia que supera con creces la de la mente.

Los cocreadores me enseñaron muchas lecciones importantes sobre el poder del corazón, lecciones que compartimos en la película y que quiero compartir con ustedes en este libro. Resulta que el corazón tiene muchos poderes, entre ellos la intuición, la intención, la gratitud, el perdón, la resiliencia y, por supuesto, el amor. Conectarte con ellos puede provocar una transformación asombrosa de tus puntos de vista sobre el dinero, la salud y las relaciones, y te permite descubrir talentos ocultos y fortalezas que te ayudarán a crear para ti la mejor vida posible. Debido a que puedo transmitir en este libro más mensajes de los cocreadores de los que podría mostrarte en la película, también me permite ofrecerte un mayor número de sus sugerencias para las muchas maneras en que puedes desarrollar estos poderes. Así, para ayudarte en tu camino, cada capítulo contiene Contemplaciones, con las que podrás descubrir la voz y la sabiduría distintivas de tu corazón.

Este tesoro de guía espiritual y práctica es el resultado de esta increíble convocatoria de pensadores inspiradores. Espero que, con la ayuda de la película y de este libro, descubras el propósito de tu vida, que aún está enterrado en ti como un tesoro escondido. Es hora de abrirte a ese tesoro. Es hora de descubrir el poder del corazón.

> *He aquí mi secreto. Es muy simple: sólo vemos bien con el corazón. Lo esencial es invisible a los ojos.*
>
> —ANTOINE DE SAINT EXUPÉRY

PARTE 1

Los caminos al corazón

*Déjate atraer silenciosamente por
la extraña atracción de lo que realmente
amas. No te llevará por mal camino.*

—RUMI

1. Tu poder interior

Muchos de los grandes maestros de las tradiciones espirituales del mundo describen el corazón como la fuente del verdadero poder.

El camino no está en el cielo. El camino está en el corazón.

—BUDA

Y todo lo que te venga a la mano, hazlo con todo tu corazón.

—JESÚS

Permanece en el centro de tu ser, pues mientras más salgas de él, menos aprenderás. Busca en tu corazón: la manera de hacerlo es ser.

—LAO TSE

Hoy en día, la ciencia moderna tiene pruebas de que el corazón tiene un poder que va más allá de su función biológica.

ROLLIN MCCRATY

Casi todas las tradiciones espirituales y todas las grandes religiones del mundo hablan de que el corazón es el punto de acceso al alma, al espíritu humano, a la sabiduría, a la intuición y a este tipo de cosas. Y las investigaciones están empezando a mostrar que han estado en lo cierto. La actividad del corazón responde y cambia antes que el cerebro. El corazón envía señales mensurables al cerebro, que responde a continuación.

HOWARD MARTIN

La nueva ciencia ha dado permiso a mi cerebro para creer en la inteligencia del corazón. Una gran cantidad de investigaciones muestran que el corazón físico es un centro de procesamiento de información, y no sólo una bomba de sangre servil. Cuando la comunicación entre corazón/cerebro/cuerpo es óptima, se asocia con la percepción de emociones ampliamente relacionadas con el «corazón», como el cuidado, el aprecio, la compasión, el amor, etc. La gente sabe intuitivamente que el corazón y las cualidades del corazón son reales. La nueva ciencia sobre el papel del corazón físico satisface nuestras mentes de una manera que nos permite creer por completo en lo que percibimos intuitivamente. Apunta hacia una inteligencia asociada con el corazón.

¿Cómo podemos conectarnos con esta inteligencia y poder? ¿Cómo podemos utilizar esto para averiguar más acerca de lo que somos y de lo que deberíamos estar haciendo? Buda dijo: «Tu tarea es descubrir tu mundo, y luego entregarte a él con todo tu corazón». Esto es lo que los cocreadores nos ayudarán a hacer: a descubrirnos a nosotros mismos, nuestro centro y nuestro propósito.

MAYA ANGELOU

Creo que el corazón es el elemento más contundente e impactante en nuestras vidas. Creo que el corazón nos ayuda a entender quiénes somos, dónde estamos y cómo estamos.

Para poder conectarte con tu corazón, el primer paso es reconocer que se trata de tu esencia misma.

ECKHART TOLLE

El poder del corazón es estar conectado con quien eres al nivel más profundo. El poder del corazón es el poder de la vida misma, el poder de la inteligencia que impregna y subyace a todo el universo. Es un poder que se encuentra en el centro del universo, por lo que para vivir en conexión con él, tienes que estar en contacto con el poder del corazón.

NEALE DONALD WALSH

Cuando el corazón se abre por completo, tenemos acceso a los más profundos secretos de la vida humana, y ese es el secreto de tu verdadera identidad.

A través de tu corazón, encontrarás tu camino en el mundo.

 PAULO COELHO

Nunca alcanzarás todo tu potencial si no abres tu corazón.

A través de tu corazón, te conectas con una forma superior de conocimiento.

 GARY ZUKAV

El orden superior de la lógica y de la comprensión se origina en tu corazón. Se experimenta en tu corazón. Se vive en tu corazón.

A través de tu corazón, encuentras la inspiración.

 ISABEL ALLENDE

Para mí, la inspiración es esencial. La creatividad es esencial y sólo puedo encontrarla a través del corazón.

Y a través del corazón, encuentras una perspectiva. De hecho, el corazón te da las perspectivas que *necesitas,* así como las que podrías no esperar, perspectivas que te permiten encontrar el camino.

 DEEPAK CHOPRA

Tu corazón conoce todas las respuestas, así que centra tu atención en él y reflexiona. Es lo primero que debes hacer.

Tu corazón crea amor y te conecta con los demás; con la gente que amas y con las personas que estabas destinado a conocer. El corazón también te conecta con el resto de la vida en el mundo.

 ## JANE GOODALL

Pensamos en el corazón en el sentido poético, la sede del amor y de la compasión, y es este corazón el que es tan terriblemente importante.

 ## MARIANNE WILLIAMSON

La verdad de lo que somos es la del corazón, la verdad de lo que somos es el amor que está más allá del cuerpo.

Y tu corazón te conecta con toda la creación, con el universo: con Dios.

 ## MICHAEL BECKWITH

El Dr. Martin Luther King, Jr., simplemente lo llamó «El amor de Dios que opera en el corazón humano».

Exploremos con los cocreadores los muchos significados del corazón y cómo podemos conectarnos con sus asombrosos poderes.

2. Corazón y alma

Recuerda que donde esté tu corazón, allí encontrarás tu tesoro.

—PAULO COELHO, *EL ALQUIMISTA*

Paulo Coelho fue uno de los autores y maestros más destacados en mi lista de candidatos para entrevistar para mi película sobre el corazón y para este libro, en parte porque el poder del corazón es el tema central de su popular novela *El alquimista*. El personaje principal, Santiago, viaja a Egipto en busca de un tesoro escondido, sólo para descubrir que el verdadero tesoro se encuentra en su interior.

Conocí a Coelho en la oficina de su apartamento en Ginebra; era para mí el más sagrado de los lugares sagrados, donde él había escrito tantos libros hermosos. La oficina de Coelho tiene un ambiente tranquilo y sereno, con fotografías de su familia y arte moderno en las paredes. La pantalla de su computadora mostraba un manuscrito en progreso; me hizo sentir como un fan de los Beatles durante las sesiones improvisadas en Abbey Road Studios, viendo una Gibson SG 1964 que John Lennon acabara de tocar.

Expliqué mi misión a Coelho y le hablé de mis estudios de derecho, le dije que había temido ir en contra de las expectativas de mis padres, y cómo había despertado al poder del corazón. Resonamos de inmediato y Coelho me dijo que su propia conciencia del corazón lo había obligado a escribir. Cuando era adolescente, Coelho sabía que quería ser escritor, pero sus padres se opusieron a que eligiera esa ocupación. También lo consideraban demasiado introvertido y obstinado, y lo internaron en un hospital psiquiátrico cuando tenía diecisiete años de edad. Cuando cumplió veinte años, Coelho empezó a estudiar derecho a petición de sus padres, pero abandonó sus estudios para viajar alrededor del mundo. Más tarde se convirtió en compositor de canciones y periodista.

 PAULO COELHO

Desde el momento en que me di cuenta de que quería ser escritor, me dije: «Puedo tardar diez días, diez años o veinte, pero voy a escribir». Empecé a escribir canciones y artículos para periódicos. No tenía más remedio que seguir lo que yo quería.

Nunca podrás escapar de tu corazón. Así que es mejor que escuches lo que tiene para decirte.

—PAULO COELHO, *EL ALQUIMISTA*

Durante su recorrido por el camino de los antiguos peregrinos hacia Santiago de Compostela, en el noroeste de España, Coelho tuvo un llamado que lo llevó a escribir su primer libro.

La historia de Coelho me conmovió hasta las lágrimas. Había vivido y encarnado el poder del corazón. Su historia demuestra que a veces tienes que ser extremadamente valiente para seguir tu voz interior y tu pasión cuando nadie más que tú puede oírla o comprenderla. Pero tu valentía será recompensada. Es probable que el camino de la cabeza al corazón no sea corto o fácil, pero te llevará a tu destino.

Nada es realmente un cliché cuando lo haces desde el corazón. Si realmente lo sientes, y es real, y conoces a personas que lo han sentido, no hay ningún cliché al respecto. Te hará hincarte de rodillas. Te hará llorar. Esa es mi labor: contar esas historias en formas que nos sorprenden y que con cada error y cada nueva oportunidad, nos recuerdan la ópera en la que vivimos.

—DAVID O. RUSSELL, DIRECTOR DE CINE

El lenguaje del corazón

El corazón es mucho más que un órgano vital. Tu corazón es la sede de tus sentimientos. En Proverbios está escrito: «Porque cual es su pensamiento en su corazón, tal es él». Cuando expresas tus emociones más profundas, pones instintivamente tu mano en tu corazón. Y cuando te señalas en la conversación, no apuntas a tu cabeza, sino a tu corazón.

Nuestro lenguaje está lleno de expresiones que hacen referencia al corazón como la sede de nuestros sentimientos. Describimos a alguien que es afectuoso como de «corazón abierto» o «de buen corazón», y a alguien que es frío e insensible como «sin corazón». Alguien está cerca de tu corazón cuando te preocupas mucho por esa persona. Levantas el corazón a alguien cuando lo animas. Pierdes tu corazón cuando te enamoras. Pero la frase más fascinante de todas, para mí es «sigue tu corazón»: haz lo que más te gusta.

Confía en ti. Entonces sabrás cómo vivir.

—GOETHE

El lenguaje del corazón es el de los sentimientos. Cuando sigues tu corazón, escuchas, no a tu cabeza, sino a lo que sientes que es correcto. La voz de tu alma también habla a través de tu corazón, el cual, al igual que una brújula, apunta en la dirección correcta. El centro de tu alma —tu esencia espiritual— está dentro de tu corazón.

 HOWARD MARTIN

Hace muchos miles de años, personas de diferentes culturas de todo el mundo vieron el corazón como la sede de la inteligencia en el sistema humano. Los primeros escritos que he visto sobre el tema se remontan a 4.500 años en la antigua medicina china. Esta noción de un corazón inteligente persistió a lo largo de la historia.

Además de ser un centro emocional, durante mucho tiempo se creyó que en el corazón estaba la inteligencia y que tenía la capacidad para tomar decisiones. En la medicina tradicional china, el corazón es la sede de la conexión entre la mente y el cuerpo. Los caracteres chinos para «pensar», «pensamiento» y «amor» incluyen el caracter para el «corazón». En las tradiciones del yoga, el corazón es literal y figurativamente nuestra guía interna. En japonés, dos palabras diferentes describen el corazón: *shinzo* para el órgano físico y *kokoro* para la «mente del corazón».

Un corazón lleno de amor es el principio de todo conocimiento.

—THOMAS CARLYLE

Con el tiempo, sin embargo, este conocimiento ancestral sobre el corazón y el respeto por él cayó en el descuido.

 DEEPAK CHOPRA

Una vieja historia india dice que Dios quería ocultar la verdad y dijo: «Quiero que sea interesante para las personas, y el lugar donde quiero ponerla es en sus corazones porque ellas miran en todas las demás partes, sólo para descubrir más tarde que la verdad está en sus corazones».

Muchas personas pasan toda su vida en busca de plenitud y felicidad, a menudo esperando encontrarla en la compra de una casa, un auto de lujo o de otros bienes materiales. Pero cuando su satisfacción con esto se desvanece, buscan otras cosas para llenar el vacío: cambian de empleo, toman vacaciones costosas o encuentran un nuevo compañero. Sin embargo, como lo descubre Santiago en *El alquimista*, el mayor tesoro, tu verdadera fuente de felicidad y realización, se encuentra dentro de ti, dentro de tu corazón.

Todo en el universo está dentro de ti. Pídetelo todo a ti mismo.

—RUMI

MARCI SHIMOFF

Cada tradición espiritual a lo largo de la historia se ha referido al corazón como la sede del alma, el diamante en el corazón, la flor de loto en el corazón, el templo en el corazón. Todas las tradiciones se refieren al corazón como la esencia de lo que realmente somos.

Cuando pierdes contacto con tu corazón, pierdes contacto con tu verdadero ser. Puedes sentirte sin amarras y sin rumbo, el mundo que te rodea parece incoloro, sin brillo y sombrío. No puedes recordar a dónde vas con tu vida. Pero tan pronto te vuelves a conectar con tu corazón, todo comienza a mejorar. Nunca estarás realmente perdido si conoces tu corazón.

DEEPAK CHOPRA

La manera de conectarte con tu alma, con tu espíritu, consiste sólo en llevar tu conciencia a tu corazón. Lleva tu conocimiento consciente a tu corazón.

Y la mejor manera de conectarte con tu corazón, como recomiendan Tolle, Chopra y los otros cocreadores, es por medio del silencio.

El silencio es el gran maestro, y para aprender sus lecciones debes prestar atención a él. No hay sustituto para la inspiración creativa, el conocimiento y la estabilidad que provienen de saber cómo comunicarte con tu núcleo de silencio interior.

—DEEPAK CHOPRA

CONTEMPLACIÓN

Escucha la voz de tu corazón

Para conectarte con tu corazón, permítete encontrar un lugar tranquilo. Siéntate y silencia tus pensamientos. Deja que tu mente quede en blanco. Limítate a apartar poco a poco cualquier pensamiento que te preocupe. Respira en la quietud de tu mente, en el espacio que has abierto allí. Escucha tus sensaciones sin palabras. Es posible que escuches una voz calmante y suave; no con tus oídos, sino con tus sensaciones. Es la voz de tu corazón, que te dice que todo estará bien.

Al escuchar la voz interior de tu corazón, te sintonizas más con tu vida. Recuperas tu sentido de la orientación. Desarrollas un sentido renovado de quién eres. Sabes lo que quieres hacer y por qué.

Todo irá bien, y todo irá bien, y toda clase de cosas irán bien.

—JULIAN DE NORWICH

3. Ábrete a la sabiduría del corazón

No dejes que el ruido de las opiniones de los demás ahogue tu voz interior. Y lo más importante, ten valor para seguir tu corazón e intuición.

—STEVE JOBS

Incluso cuando vemos el corazón como un órgano físico tanto como una fuente de poder espiritual, es una maravilla.

 HOWARD MARTIN

Hoy en día, la ciencia no sabe con certeza qué es lo que hace latir al corazón. Tenemos esta increíble parte de nuestra fisiología que marca el comienzo de la vida y, sin embargo, de alguna manera, la ciencia de hoy no nos puede decir exactamente por qué comienza a latir.

Nuestro primer latido comienza de forma espontánea. El latido empieza en el instante en que las células especializadas del corazón se forman y se multiplican en el feto. Las células laten incluso antes de que el corazón se haya formado en su totalidad. Y laten al unísono. Ningún estímulo externo o interno perceptible hace que comiencen a latir. El latido es intrínseco a la naturaleza de las células del corazón.

 NEALE DONALD WALSH

El corazón comienza a latir cuando Dios dice: «Hola, aquí estoy». Este es el comienzo de la vida y puedo demostrártelo. Escucha a tu corazón. El latido de tu corazón es la energía de la vida misma. Provino de afuera de tu cuerpo, pero anima a tu cuerpo y te da el don de lo que eres. ¿Qué regalo puede ser más grande? ¿Cómo podemos pasarlo por alto? ¿Cómo podemos prestarle la mayor atención en lugar de la mínima atención?

El corazón es impulsado por una energía invisible: la energía del universo, una fuerza que impregna toda la materia y lo une todo y a todos. Nada en el universo es más poderoso, nada tiene más potencial que esa energía. Se llama *chi* en el taoísmo, *ruah* en la cultura hebrea, *prana* en la religión hindú y energía vital en la filosofía occidental. Esa energía se origina por fuera del cuerpo y pone en marcha los latidos del corazón. Activa todas las funciones vitales.

Neale Donald Walsch (*izquierda*)

ISABEL ALLENDE

Una vez escuché a un cirujano que estaba hablando de los trasplantes de corazón. Y estaba diciendo que colocó el órgano trasplantado en el nuevo cuerpo al que iba a darle vida, y el corazón estaba muerto, aunque no. Y a continuación, el cirujano toca el corazón con mucha suavidad y este se empieza a mover y comienza a dar vida a ese cuerpo. Y pensé que en cierto modo es una metáfora de cómo es el corazón. Lo tocas, y cuando lo haces, sabes dónde está la vida.

MARCI SHIMOFF

El corazón es el lugar donde sucede toda la acción. Y la clave para vivir una vida más rica, satisfactoria y exitosa, es mantenerlo abierto. Un corazón abierto nos permite ver la vida de esa manera tan diferente.

Abrirte al corazón significa vivir una vida apasionada, llena de significado y propósito. Significa hacer las cosas que sientes que tienes que hacer, vivir la vida que has nacido para vivir. Al vivir con el corazón abierto te alineas con los valores de la tolerancia, la armonía, la cooperación y el respeto por los demás.

HOWARD MARTIN

La sabiduría del corazón es realmente, y dicho de otra manera, la conexión con el Poder Auténtico, con esa fuente de realidad y

Marci Shimoff *(derecha)*

autenticidad que tienes dentro. Es desde ese lugar que manifestamos las cosas. Es ahí donde hacemos el trabajo, es ahí donde somos capaces de ir más allá de nuestros retos, limitaciones, dudas y temores, y de hacer las cosas que realmente sabemos que debemos hacer en nuestro interior. Ese es el poder del corazón en acción, en su forma más útil.

 GARY ZUKAV

¿Qué es la sabiduría del corazón? La parte de ti que es más sana, más arraigada, más constructiva, la contribuyente más íntegra a la Vida con V mayúscula.

Debido a que es la esencia de quién eres en realidad, tu corazón sabe a dónde tienes que ir y por qué estás aquí en la Tierra. A veces sólo el corazón sabe lo que debes hacer. Tu cerebro tiene una visión limitada de tus circunstancias, pero tu corazón puede evaluar cada situación desde una perspectiva más elevada.

Cuando el corazón habla, a la mente le parece indecente objetar.

—MILAN KUNDERA

¿Alguna vez has sido incapaz de resolver un problema, has salido a caminar para aclarar tus pensamientos y encontrado la solución perfecta? Ese es realmente el poder del corazón, abrirte a la energía y a la inspiración que te rodean. En el instante en que eliges escuchar y abrir tu corazón, aprovechas esta poderosa fuente de sabiduría.

GARY ZUKAV

La sabiduría del corazón verá el poder, la belleza y la oportunidad de cada momento que vives y aprecias.

Cada nuevo día te da una nueva oportunidad de abrir tu corazón. Una vez que lo haces, percibes la bondad de la gente y las cosas que antes habías dado por sentadas. Eres capaz de poner las decepciones en perspectiva; eres más receptivo a las grandes oportunidades que se te presentan con regularidad.

> *Escribe en tu corazón que cada día es el mejor día del año.*
>
> —RALPH WALDO EMERSON

Al abrir tu corazón, te das cuenta de la dimensión más profunda de tu propia existencia. Entiendes lo que eres realmente y por qué estás aquí.

ECKHART TOLLE

El corazón apunta a la dimensión más esencial dentro de ti, y no estar conectado con eso y vivir tu vida como si esa dimensión no existiera realmente es pasar por alto el verdadero propósito de tu vida en la Tierra, sin importar lo que logres hacia afuera.

DEEPAK CHOPRA

En todas las tradiciones de sabiduría, el verdadero hogar del espíritu no es local, está más allá del espacio y el tiempo. Pero se expresa localmente en el espacio-tiempo y, sí, en la mayoría de las tradiciones espirituales del corazón es el punto de entrada del espíritu trascendente en el mundo del espacio-tiempo y la localidad.

NEALE DONALD WALSH

El secreto del corazón humano es que contiene no sólo tu identidad, sino también la de Dios, envueltas en una sola.

MAYA ANGELOU

Dios habla en el corazón, desde el corazón. Dios habla desde el corazón.

GARY ZUKAV

La inteligencia divina está en el corazón. No encontrarás tu alma en el intelecto.

A través de la voz de tu corazón accedes a una dimensión divina, a una que ha estado dentro de ti desde el primer día. En tu corazón, esa dimensión divina y tu yo más auténtico son una sola.

Bienaventurados los puros de corazón, porque ellos verán a Dios.

—JESÚS

CONTEMPLACIÓN

Camina en silencio

Cada respiración, cada paso puede estar lleno de paz, alegría y serenidad. Sólo tenemos que estar despiertos, vivos en el presente.

—THICH NHAT HANH

Caminar con atención plena es una tradición en muchas culturas. Tu cerebro no puede detenerse en las preocupaciones y problemas cuando tu cuerpo está físicamente activo. Sal a caminar —alrededor de tu hogar o en un parque, donde quiera que te sientas cómodo caminando— para aquietar tu mente y permitirte escuchar la voz de tu corazón.

Camina a un ritmo cómodo y pon atención a cada paso. Con cada paso, llegas al aquí y al ahora. Estás en el presente. Sé consciente de la manera como cada uno de tus pies toca el suelo. Siente cada punto de contacto, talón y dedos. Mantente al tanto de cada paso y lleva tu atención a la respiración. Ahora, con cada paso que das cuando respiras, repítete: «adentro». Al exhalar con cada paso que das, repítete: «afuera». Con cada paso y respiración, mientras tu mente se vuelve más tranquila, abres un espacio para que tu corazón se comunique contigo.

Cuando estés tranquilo en mente y cuerpo, dirige tu atención a tu corazón. Camina siendo consciente de tu corazón, en compañía de tu corazón. Si te sientes listo, pregunta a tu corazón: *¿Qué es lo que quieres que yo sepa?*

4. La inteligencia del corazón

Las cosas más bellas y mejores del mundo no se pueden ver, ni siquiera tocar; se deben sentir con el corazón.

—HELEN KELLER

Sin darnos cuenta, prestamos más atención a nuestras mentes y pensamientos del día a día de lo que hacemos con nuestros corazones y guía interior. A menudo nos encerramos en nuestras cabezas, habiéndonos programado para controlar nuestras emociones y desechar cualquier idea o intuición como inapropiadas, aterradoras o extrañas. La mayoría de las veces, cuando nos enfrentamos a una decisión importante, sopesamos los pros y los contras, y decidimos que la elección racional es la mejor.

Un buen corazón es mejor que todas las cabezas del mundo.

—ROBERT BULWER-LYTTON

Pero, ¿cuántas veces has pensado después de tomar una decisión racional —así haya funcionado o no—: *Si sólo hubiera escuchado a mi corazón?* ¿Alguna vez has encontrado al menos una razón para no hacer lo que tu corazón te dijo que hicieras por miedo a la reacción de otra persona? O, ¿inventas excusas para no hacer lo que más quieres en lo más profundo de tu corazón? Cuando ignoramos los mensajes del corazón, enterramos nuestros sueños y apagamos nuestro fuego interior.

 PAULO COELHO

Conozco a muchas personas que están «muertas». Pero caminan, hablan, ven televisión. Trabajan duro, pero de alguna manera esta chispa de energía divina se pierde. No es que se pierda para siempre. Ese niño que tienes en tu alma puede decir siempre «hola» de nuevo y hacer que esta chispa se manifieste. Pero estas personas renuncian a sus sueños. Pierden contacto con ellos. Una persona que está desconectada de su corazón no está viviendo.

Cuando estás completamente fuera de contacto con tu corazón, te sientes incómodo, como si estuvieras viviendo en la superficie, perdiéndote de algo. Siempre que estés desilusionado o frustrado, pide a tu corazón que te conecte con tus emociones más profundas; son la chispa de la energía divina que es vital para vivir con un propósito.

MICHAEL BECKWITH

Hay una inteligencia dentro del corazón que es mucho más importante que nuestros esfuerzos para desentrañar la mente.

Aunque puedas seguir inconscientemente los impulsos de tu corazón, por lo general no puedes ser consciente de ellos. Para tomar conciencia de la inteligencia de tu corazón, sólo tienes que abrirlo y escuchar tu voz interior.

 ## PAULO COELHO

No pierdas la esperanza. Dios encuentra tres, cuatro maneras de golpearte en la cabeza y decirte: «¡Vamos! ¡No olvides tu propósito en la vida!». Da una oportunidad a tus sueños. No te arrepentirás. No estoy diciendo que no vayas a sufrir. No estoy diciendo que no vayas a ser derrotado. Estoy diciendo que no lo vas a lamentar.

Tu corazón te comunica el significado *en* y *de* tu vida. Te conecta con una fuente de conocimiento más grande, a la que no puedes acceder con tu mente. El filósofo Blaise Pascal no podría haberlo dicho mejor cuando señaló: «El corazón tiene razones que la razón no entiende».

Steve Jobs, cofundador y presidente ejecutivo de Apple, pensaba que el corazón era la fuente de inspiración y realización. Atribuía sus logros directamente al poder del corazón:

«La única manera de estar realmente satisfecho es hacer lo que consideras que es un gran trabajo. Y la única manera de hacer un gran trabajo es amar lo que haces. Si no lo has encontrado todavía, sigue buscando y no te conformes. Al igual que con todos los asuntos del corazón, lo sabrás cuando lo encuentres. Y al igual que con todas las relaciones maravillosas, las cosas mejoran y mejoran a medida que pasan los años. Así que sigue buscando. No te conformes».

Por medio de tu corazón, entiendes tu mayor deseo y pasión, y a través del corazón encuentras la espontaneidad y la creatividad para romper con las restricciones cotidianas de tu vida y de tu imaginación, para vivir plenamente comprometido. Cuando abres tu corazón, todo tu mundo cambia: se abre a tu alrededor. Te ves a ti mismo como parte de un universo amable que está lleno de posibilidades, generando y regenerando una energía positiva.

DEEPAK CHOPRA

Ponerte en contacto con tu corazón es como enchufarlo a esa conciencia o espíritu universal. Tu corazón es una pequeña computadora que se conecta a la computadora cósmica donde todo es inseparablemente uno.

Tu corazón te permite acceder a un servidor enorme: el universo. Ese servidor es omnipresente, incluso cuando tu propia conexión tiene un problema técnico. Cuando te conectas a la energía del universo, tienes acceso a un panorama más grande, a la interconexión de tu vida con la de otros. Tu corazón sabe lo que te hará feliz.

NEALE DONALD WALSH

Si pudiera ofrecer un consejo a todas las personas, y especialmente a los jóvenes, sería este: usa tu corazón. Olvídate de tu mente. Tu mente sólo te enredará en tu historia, en tu imaginación, en tus ideas, que por lo general constituyen la peor idea que tienes acerca de las cosas. Pero tu corazón sabe la verdad. Escucha a tu corazón y no podrás equivocarte. No lo harás.

Tu corazón ve tu vida como si estuviera siguiendo el curso de un río —desde el nacimiento hasta el mar—, mientras que tu mente no puede ver más allá de la siguiente curva. Tu mente está ocupada con una maraña de preocupaciones inmediatas y con metas a corto plazo que pueden impedir que veas tu verdadero propósito. Tu mente te hace remar, una remada tras otra, de espaldas a donde te diriges, de modo que sólo ves dónde estuviste cuando ya estás más allá. Así que cuando chocas con algo o necesitas cambiar de rumbo, te sientes frustrado.

Pero al abrir tu corazón, descubres que este sabía que tu mente estaba demasiado preocupada para darse cuenta; había rápidos adelante y tenías que estar preparado. Abre tu corazón. Tu conciencia superior te susurrará, te advertirá de los signos de turbulencia. Te hablará a través de la intuición, no de la razón.

PAULO COELHO

Empiezas escuchando, escuchando a tu corazón. Y entonces comienzas a mostrarlo al mundo físico y real.

Para escuchar a tu corazón, destina algo de tiempo para encontrar paz y tranquilidad. Cuando te estás conectando constantemente con otros por teléfono, texto o correo electrónico, no das a tu corazón posibilidades de enviarte mensajes. Todos los circuitos están ocupados y tu voz interior no se puede escuchar. Estás distraído por el trabajo o las preocupaciones; y tus pensamientos, divididos en muchos pedazos pequeños.

 ISABEL ALLENDE

Podemos conectarnos con el corazón cuando estamos en silencio. Vivimos en el ruido y todos estamos muy ocupados siempre; no hay tiempo, espacio ni silencio para el corazón. Es por eso que las personas meditan o rezan, porque necesitas ese espacio, ese momento, cuando escuchas al corazón.

Tendemos a apresurarnos a lo largo de nuestros días, a veces nos sentimos atrapados y abrumados, otras veces sentimos como si hiciéramos nuestras rutinas como sonámbulos. Hay muchas cosas que no podemos cambiar ni influenciar: las enfermedades incurables, los desastres naturales, la muerte. Pero muchas otras cosas pueden salir de nuestro control o escapar de nosotros porque no podemos oír los susurros de nuestro corazón por encima del ruido de nuestra mente. Cuando aquietas tu mente, la sintonizas con tu corazón.

 MICHAEL BECKWITH

Si no escuchamos al corazón, escucharemos la charla del mundo y terminaremos caminando al unísono en una sociedad de

consumo, de posesiones, de miedo y de preocupación, y no ha-
bremos vivido nuestra vida. Tenemos una vida para vivir. El
corazón tiene las respuestas.

Lleva tu atención a tu corazón y conéctate con el servidor universal
que lo abarca todo. Su información vital te ayudará a hacer que tu vida
sea tuya y te permitirá ver más allá de tus responsabilidades diarias y
objetivos a corto plazo para lograr tu propósito.

 JANE GOODALL

Si sacamos al corazón de nuestras consideraciones, estaremos to-
mando decisiones basadas en «¿cómo me ayudará esto ahora?»
y «¿cómo afectará esto la próxima reunión de accionistas o la
próxima campaña política?».

Sal de tu cabeza para poder oír la voz de tu corazón. Destina tiempo
para sentarte en silencio y reunir todos estos pensamientos e impulsos
diferentes en un solo objetivo. Entonces, podrás entrenar tu atención
en lo que es importante y verte a ti mismo y lo que estás destinado a
hacer, a dónde estás destinado a ir.

 PAULO COELHO

Cuando escuchas tu corazón, eres capaz de abrir la puerta.

Tu mente y tu atención son como un músculo. Cada músculo necesita
ejercicio, y el tipo de ejercicio que necesita tu atención es el enfoque

tranquilo o la atención plena. Esto condiciona tu mente a concentrarse, y no a fragmentarse. Respirar, caminar o sentarse con atención fortalece tu conciencia para que tu mente esté en sintonía con la inteligencia de los latidos del corazón.

Todos los que invocan a Dios sinceramente desde el corazón, serán escuchados sin duda y recibirán lo que han pedido y deseado.

—MARTÍN LUTERO

A veces, lo que tu corazón te dice puede sonarte extraño o ilógico, aunque sea sólo al principio. Sin embargo, no descartes estos mensajes. Siéntate y escúchalos. No trates de analizarlos, sino de juzgarlos por la manera en que los sientes. El camino al corazón se basa en las sensaciones. La inspiración del corazón se siente orgánica y natural. Deja que la voz te muestre lo que significa. Pregúntate: *¿Cómo me siento con respecto a esta guía?* Sabrás que una decisión es motivada por tu corazón porque sentirás que es buena para ti.

 MAYA ANGELOU

¡Asombroso! Me refiero a que escuches tu corazón. Puede parecer frívolo al principio, pero él te necesita. Te dice: «Ven, te mostraré lo que realmente tienes que hacer».

Si no sabes qué hacer, no hagas nada. No llenes tu tiempo con trivialidades. Simplemente no hagas nada. Sólo siéntate. No hagas nada y podrás ser capaz de escuchar tu corazón.

CONTEMPLACIÓN

Siéntate y escucha

Siéntate en un lugar tranquilo para que tu cuerpo y tu mente estén sincronizados, para que estén en el mismo lugar al mismo tiempo. Haz tres respiraciones profundas y lentas, hacia adentro y hacia afuera para calmar tu mente. Lleva tu atención a tu corazón para que puedas escucharlo; él es la sede del alma. A medida que llevas la atención a tu corazón, tienes acceso a su inteligencia. Aumentas su disponibilidad. Tu corazón se vuelve adaptable y flexible.

Enfoca tu atención en la respiración a medida que inhalas y exhalas. Si aparecen pensamientos y preocupaciones, deja que se vayan mientras llevas de nuevo tu atención a tu respiración. Le estás dando oportunidad a tu corazón para hablarte. Céntrate sólo en la inhalación y en la exhalación... Inhala y exhala...

Cuando te sientas calmado, pon tu atención en tu corazón. Hazte estas preguntas para conectarte con la energía de tu corazón: *¿Qué me hace feliz? ¿Qué me encanta hacer? ¿Qué me produce alegría? ¿Cuáles son mis pasiones? ¿Qué me inspira y me hace sentir pleno?*

Ahora pregúntate qué te impide conectarte con tu corazón: *¿En qué estoy empleando mi tiempo, haciendo algo que no me hace feliz, que me aleja de la alegría?*

Ahora pregúntale a tu corazón: *¿Qué puedo hacer para ir más allá de lo que me impide conectarme contigo? ¿Qué pasos pequeños o grandes puedo dar? ¿Cómo puedo sentirme inspirado y satisfecho?* Ábrete a recibir la respuesta de tu corazón, aunque tengas miedo de oírlo. Tu corazón te permitirá ver la verdad y te ayudará a encontrar tu camino. Tu corazón tiene todas las respuestas.

5. Coherencia: Vive en el ahora

El presente muere a cada momento para transformarse en pasado, y renace a cada momento en el futuro. Toda experiencia es ahora. El ahora no termina nunca.

—DEEPAK CHOPRA

Es muy importante *que* tu corazón lata, pero también es importante *cómo* late.

El Instituto HeartMath, destacado por sus investigaciones sobre el corazón y los efectos que nuestros corazones tienen en nuestras vidas, ha demostrado una relación entre los latidos del corazón y nuestro estado emocional. Tu corazón responde mucho más rápido que tu cerebro a los eventos a tu alrededor porque las emociones son más rápidas y poderosas que los pensamientos. Tu corazón también refleja más tu estado emocional que tu cerebro. En otras palabras, cuando estás asustado, nervioso o frustrado, tu ritmo cardiaco es inestable e irregular. Pero cuando experimentas amor, te sientes apreciado o estás enfrascado en la creación de algo, tu ritmo cardíaco muestra un patrón completamente diferente. Es más calmado y apacible. Los científicos se refieren a esto como «coherencia del corazón» y, cuando tu ritmo cardíaco es coherente, tu cuerpo y tu mente están equilibrados y en el presente. Estás física y mentalmente en tu mejor momento, en el ahora.

Cada momento es único, desconocido, completamente nuevo.

—PEMA CHÖDRÖN

Para experimentar la coherencia cardíaca, puedes conectarte con tu corazón haciendo el simple Ejercicio de calma interior, desarrollado por el Instituto HeartMath, que aparece en la página 47.

Un ritmo coherente hace que todos los demás sistemas de nuestro cuerpo —el sistema cerebral y nervioso, el inmunológico y endócrino, y el digestivo y circulatorio— funcionen mejor. Cuando entramos en la incoherencia del ritmo cardiaco porque sentimos emociones negativas como el miedo o la ira, hay repercusiones negativas en nuestro sistema inmunológico.

 MARCI SHIMOFF

La coherencia del ritmo cardiaco es realmente el estado óptimo de funcionamiento de nuestro corazón. Pero no puedes pensar en tu camino a la coherencia: no puedes pensar simplemente en el amor y pretender que tu ritmo cardiaco se sincronice. Realmente tienes que sentir amor, sentir gratitud, sentir cariño, sentir compasión. Y eso te llevará a este estado óptimo de coherencia.

El Ejercicio de calma interior o la Respuesta de amor

Paso 1: Cierra los ojos. Pon tu mano en tu corazón. Este simple acto hace que una sustancia química llamada oxitocina (también conocida como «hormona del amor») empiece a circular a través de tu cuerpo.

Paso 2: Imagina que estás inhalando y exhalando por tu corazón. Exhala más profundamente de lo que inhalas, como si la gravedad estuviera llevando tu respiración hasta el suelo. Inhala seis veces y exhala otras seis, exhalando más profundamente de lo que inhalas. Sigue haciéndolo hasta que tu respiración se calme y se sienta natural.

Paso 3: Sigue respirando a través de tu corazón. En cada inhalación, imagina que estás respirando en el bienestar, el amor y la compasión. Exhala normalmente. Inhala de nuevo y respira en el bienestar, el amor y la compasión. Luego exhala. Con tu tercera inhalación, siente que llevas bienestar, amor y compasión a tu corazón. Al exhalar, puedes bajar la mano y abrir los ojos.

Observa cómo se siente tu cuerpo ahora mismo en comparación a cómo se sentía un minuto atrás. Tal vez te sientes más liviano, relajado y a gusto. Tal vez tienes una sensación de calor en tu corazón, o incluso en todo tu cuerpo.

Haz este ejercicio cada vez que puedas. Hazlo en particular cuando no te sientas demasiado estresado (o cuando te sientas bien). De esta manera, lo utilizarás mejor cuando estés estresado y necesites calmarte. Puedes hacerlo con los ojos abiertos después de la primera vez.

Si haces este ejercicio de tres a cinco veces al día durante las próximas semanas, comenzarás a habituarte a esta calma interior o respuesta de amor. Cada vez se convertirá más en un hábito, por lo que será tu estado predeterminado. Entonces, todo lo que tienes que hacer es llevarte la mano al corazón, y todo el proceso comenzará de manera automática.

Cuando te conectas con tu corazón, amplificas tus emociones positivas, que están en el núcleo de tu Poder Auténtico.

 GARY ZUKAV

¿Cómo te conectas con tu corazón? Esta es la esencia misma de crear el Poder Auténtico. Crear el Poder Auténtico es aprender a diferenciar entre el amor y el miedo dentro de ti mismo y elegir el amor, sin importar lo que suceda adentro o afuera de ti.

Hay muchas maneras de conectarte con tu corazón y de vivir el momento. Hay tantas maneras de conectarte con el corazón como hay personas.

 ISABEL ALLENDE

Mi conexión se da a través de la naturaleza, a través de mi perro. Me encanta jugar con un perro. Entonces siento que mi corazón explota y siento el calor de mi corazón.

Los animales y la naturaleza son conocidos por abrir nuestros corazones, calmarnos, y por reducir la presión arterial y el estrés.

 JANE GOODALL

A menos de que realmente puedas estar afuera en la naturaleza y disfrutar de los pájaros cantando en los árboles y del cielo azul, estarás divorciado del gran ser espiritual que siento que está a todo nuestro alrededor. Y está ahí, en la naturaleza. Entonces,

Jane Goodall (*izquierda*)

podrás transformarte en un ser humano íntegro, con corazón, cerebro y espíritu, todos conectados e íntegros.

Muchos caminos conducen al corazón. Los niños tienden a ser buenos para seguir sus corazones. Su entusiasmo e intuición los guían hasta que se les dice que detengan esos impulsos. Para conectarte con tu corazón, podría ser útil volverte a conectar con tu niño interior. Piensa en lo que te animaba y llenaba de alegría cuando eras joven. Permítete sentir eso de nuevo, sin importar lo simple que fuera: un color, un lugar, un juguete, una comida, un juego, una visita a un amigo o familiar. En esto se encuentra una conexión con tu corazón.

 PAULO COELHO

Conviértete en un niño para conectarte con tu corazón.

De cierto les digo, que si no cambian y no se comportan como niños, no entrarán al reino del cielo.

—JESÚS

Volver a conectarte con tu niño interior no es lo mismo que comportarte de una manera infantil. Consiste en permitir que tu yo adulto se guíe por tu niño interior, por esa voz interior que, con un suave susurro, te señala la dirección correcta. El corazón revela las coordenadas de tu verdadero camino. No perderás tu camino, aunque parezcas estar fuera de él.

ISABEL ALLENDE

Cuando estoy jugando con niños, cuando hago el amor con mi esposo, cuando leo un buen libro, cuando estoy escribiendo y siento que el personaje se convierte en una persona y me habla, entonces mi corazón también siente el «aleteo». Creo que esas son las conexiones con el corazón: la creatividad, la naturaleza, el amor, la oración y el silencio.

Aunque las personas tienen diferentes maneras de conectarse con el corazón, el sentimiento de la conexión es una experiencia universal. Trasciende las fronteras nacionales y enlaza almas alrededor del mundo. El amor te conecta con otras personas. Dondequiera que estés, reconocerás al instante el amor de una madre por su hijo; su conexión con el corazón es palpable.

 ## MARIANNE WILLIAMSON

En cualquiera de los continentes y en cualquier lugar de este planeta, verás a una madre que sostiene a su hijo, que cuida a su bebé y que ama obviamente a sus hijos. Cuando estás caminando en cualquier parte del mundo y ves amantes que se sienten claramente como si hubieran encontrado algo especial, y te relacionas con eso y lo ves, esa es la vida del corazón.

También podemos conectarnos con nuestros corazones al enfrentar dificultades. Nuestra propia mortalidad, y la perspectiva de la muerte, nos animan a escuchar a nuestros corazones y permiten que nuestra voz interior nos hable cuando experimentamos cualquier tipo de preocupaciones o temores. Steve Jobs se conectaba con su corazón a través de la conciencia de su mortalidad, lo que le ayudó a tomar decisiones importantes. «Porque—razonó—casi todo, todas las expectativas externas, todo el orgullo, todo el temor a la vergüenza o al fracaso desaparecen frente a la muerte, dejando sólo aquello que es verdaderamente importante».

No hay ninguna razón para no seguir tu corazón.

—STEVE JOBS

 ECKHART TOLLE

¿Cómo podemos conectarnos con el corazón? El punto de partida es el siguiente: todo lo que tienes es este momento. Así que mira más profundamente en este momento.

El poder del corazón es el del ahora, de ser consciente del momento. Sé consciente de la abundancia de la vida en este instante. Si permaneces anclado en el pasado, aferrándote a las cargas de las viejas decepciones o relaciones, te bloquearás las riquezas del presente. Si te preocupas demasiado por el mañana, no podrás oír tu corazón hoy.

 MICHAEL BECKWITH

Para aprovechar la sabiduría del corazón, tenemos que escuchar. Escucha con humildad. Ralph Waldo Emerson dijo: «Debes estar calmado, dar un giro en tu interior y ser consciente

Michael Beckwith (*derecha*)

de que las respuestas no están en alguna parte en el mundo».
Las respuestas, la guía intuitiva, la sabiduría, están aquí.

Las respuestas están en tu corazón. Mira tu vida como una serie de momentos presentes. Cuanto más te las arregles para inhalar y absorber totalmente este momento, mejor podrás oír la voz de tu corazón.

 ## MAYA ANGELOU

Creo que eso es todo lo que puedes escuchar. Sé que con los oídos po-
demos escuchar a los pájaros y podemos oír el susurro de las hojas de
los árboles y el río mientras fluye, y el mar que mengua y refluye. Sin
embargo, escuchar realmente sólo es posible con el corazón. Oír algo
más que información realmente es sabiduría. Así que eso es lo que
realmente escuchas. Y entonces te tranquilizas, te debes tranquilizar.

Reflexiona sobre un momento hermoso y permítete apreciar lo más trivial y común. Percibe lo significativas que son: una buena conversación, una canción favorita, una silla cómoda, un rayo de sol asomando a través de un manto de nubes.

A medida que abraces el presente y seas uno con él, y te
fundas con él, experimentarás un fuego, un brillo, una chispa
de éxtasis. Te convertirás en alguien divertido, alegre y libre.

—DEEPAK CHOPRA

¡Aprovecha el día! Juega con tu hijo, escucha música, pasea por el parque, haz el amor, lee poesía. Concéntrate en lo que es bueno. Esto te mantiene conectado con tu corazón.

ECKHART TOLLE

Escuchar al corazón significa estar conectado con el nivel más profundo dentro de ti.

El corazón es, naturalmente, calmado y pacífico, claro y fuerte, las cualidades del nivel más profundo de tu conciencia. Cuanto más cercana sea tu conexión con tu esencia, más amoroso serás y más disfrutarás de todo lo que encuentres en tu camino.

GARY ZUKAV

Cuanto más lo hagas, las partes amorosas de tu personalidad y experiencias comenzarán a llenar más tu campo de conciencia, lo que significa que te volverás más amoroso. Es la manera de empezar a dejar que se exprese tu corazón.

Como dice el Padre Matthew Fox: «Si quedas separado de tu pasión, entonces ¿de dónde vendrá tu compasión?». Incluso cuando te encuentras en circunstancias difíciles o tristes, puedes confiar en tu corazón para recibir orientación. A medida que mejoras tu capacidad para escuchar al corazón, este te conecta con otras personas y te muestra opciones y soluciones. Permite que tu corazón abra tus ojos a algo que tu mente tal vez no haya considerado. La decisión que viene de tu corazón siempre será la adecuada para ti.

El ahora es todo lo que hay.

—ECKHART TOLLE

CONTEMPLACIÓN

Ten conciencia del presente

Tu cita con la vida es ahora, en el presente. Tómate un minuto para inhalar y exhalar. Puedes respirar conscientemente en cualquier lugar; sentado en tu auto, en el metro o en el autobús, mientras esperas en una fila o caminas alrededor de la cuadra. Practica el Ejercicio del alivio interior o la Respuesta del amor: cierra los ojos. Pon tu mano en tu corazón. Imagina que estás inhalando y exhalando a través de tu corazón. Exhala más profundamente de lo que inhalas, inhala y exhala seis veces o hasta que sientas que tu respiración es calmada y natural. Ahora, en cada inspiración, siente que respiras en el bienestar, el amor y la compasión a través del corazón. Exhala normalmente.

Continúa respirando atentamente. Tu respiración te hace consciente de ti en el ahora, dondequiera que estés. Con la mente tranquila luego de inhalar y exhalar, podrás encontrar las cosas hermosas que te rodean en estos momentos. Mira tu vida como una serie de momentos presentes. El pasado quedó atrás, el futuro no ha llegado. Al estar en el presente, estarás en contacto con tu corazón. Escucha lo que quiere que oigas.

PARTE 2

Los poderes del interior

El poder para crear un futuro mejor está
contenido en el presente: puedes crear un buen
futuro mediante la creación de un buen presente.
—ECKHART TOLLE

6. El Poder de la gratitud

*Es a través de la gratitud por el presente que
se abre la dimensión espiritual de la vida.*

—ECKHART TOLLE

La gratitud, la capacidad de contar tus bendiciones,
es la mejor manera de conectarte con el corazón.

NEALE DONALD WALSH

Creo que el corazón es gratitud. Creo que el corazón es un sentimiento. Es el santuario de los sentimientos más profundos que se puedan encontrar en la experiencia humana. Y creo que entre esos sentimientos está el sentimiento de gratitud. El sentimiento de estar agradecido, de ser agradecido, y de estar tan enamorado de la vida y con todo en la vida, e incluso, me atrevería a decir, enamorados de nosotros mismos.

Cuando estás agradecido por todo lo que tienes, tu corazón está abierto. Aprecias a las personas cercanas y ellas te corresponden. Y la gratitud crea aún más abundancia.

 ## MARCI SHIMOFF

La gente me pregunta con frecuencia: «¿Cuál es la vía rápida para el amor?». Creo que hay una sola respuesta: «la gratitud». Cuando estamos agradecidos por lo que está pasando en nuestras vidas, nuestro corazón se abre. Es una manera para realmente registrar y saborear lo bueno que está pasando en nuestras vidas.

Hay un viejo refrán que dice: «Lo que más aprecias, aprecia». Cuando aprecias algo, entonces más de eso fluye en tu vida.

Puedes experimentar la gratitud en dos niveles diferentes: el *primer nivel* de gratitud comprende las cosas o interacciones cotidianas. Estas pueden ir de la gratitud por el techo que tienes y la comida para tus hijos a una sonrisa que recibiste de un transeúnte cualquiera en la calle. El *segundo nivel* de gratitud es poder apreciar lo que tienes, incluso después de una gran pérdida.

 ## ECKHART TOLLE

Ser agradecido es otra parte esencial de vivir en conexión con el corazón; se da de forma natural.

 ## NEALE DONALD WALSH

La gratitud es una actitud que lo cambia todo. Así que digo a la gente que si realmente quieren usar la gratitud de una manera

poderosa, tienen que usarla antes y no sólo después de un evento determinado.

 ## JOE DISPENZA

Por lo general, damos gracias por las cosas cuando ya sucedieron. Así que en cierto sentido, hemos sido hipnotizados y condicionados a creer que necesitamos un motivo para la alegría, que necesitamos un motivo para el agradecimiento.

Permítete estar agradecido. Tu vida cambiará hacia una dimensión mayor y más positiva.

 ## MARCI SHIMOFF

Los escaneos cerebrales de las personas que experimentan un estado de amor incondicional muestran que en realidad hay una mayor actividad cerebral, que son más inteligentes, que te vuelves más creativo. Cuando sientes más gratitud o perdonas a la gente, eso aumenta tu inteligencia.

Para aumentar tu nivel de conciencia de todo lo que amerita gratitud, y hacerte más receptivo a las cosas bellas y amorosas de la vida, lleva un diario de gratitud. Comienza cada día anotando un mínimo de cinco cosas por las que estés agradecido. Las personas que registran regularmente aquello por lo que están agradecidas son más felices que las demás, y su felicidad es duradera. Llevar un diario de gratitud funciona incluso mejor que las terapias o los medicamentos antidepresivos.

HOWARD MARTIN

Es muy, muy simple: cuanto más apreciamos, más ganamos. La apreciación es un sentimiento relacionado con el corazón. Es necesario acceder a la inteligencia del corazón para apreciar o tener gratitud, especialmente cuando las cosas no salen bien. Para encontrar algo en esos momentos cuando la vida es dura, para apreciar algo en ellos o en otra cosa, comienza a cambiar las energías de manera muy rápida y pasa a otro nivel de flotabilidad que te eleve sobre el problema. Y al hacerlo, podrás analizarlo. A continuación, podrás encontrar la manera de lidiar con él.

En el *segundo nivel* de gratitud, agradeces incluso frente a las grandes decepciones, como la ruptura de una relación amorosa, la pérdida de un trabajo o también una gran tristeza o tragedia, como la muerte de un ser querido. Esta gratitud ayuda a allanar el camino para una nueva vida. Incluso a partir de lo peor que te haya pasado —una enfermedad, una discapacidad o una pérdida terrible— podrás acceder posteriormente a nuevos entendimientos, nuevas conexiones y relaciones.

 ## RUEDIGER SCHACHE

Si te expresas a través del aprecio o la gratitud, es como si enviaras amor a Dios, al universo. La gratitud es abrir el corazón.

la cirugía». «Nuestro departamento trabaja duro y bien en grupo»).

Haz esta lista durante al menos una semana y te sentirás mejor, más feliz y agradecido por todas las bendiciones que tienes en tu vida. Te sentirás más conectado con tu corazón y con tu vida actual. Cuanto más tiempo practiques la gratitud y cuentes tus bendiciones, más tiempo durará tu felicidad y más bendiciones recibirás.

7. Transfórmate en una persona del corazón

Cuando comienzas a tocar tu corazón o a dejar que tu corazón sea tocado, comienzas a descubrir que tu corazón es insondable... enorme, inmenso, y sin límites.

—PEMA CHÖDRÖN

Yo estaba particularmente ansioso por conocer y entrevistar a Eckhart Tolle, pues sus palabras me habían llevado a explorar los poderes del corazón. También quería oír hablar de la experiencia de su despertar cuando Tolle era un joven asistente de investigación en la Universidad de Cambridge. En su casa cerca de Vancouver, Canadá, Tolle me dijo que, durante su veintena, había luchado varios años con una ansiedad insoportable y con pensamientos suicidas. El mundo le parecía frío y hostil, y había llegado al punto en que sentía que quería abandonarlo más pronto que tarde. Una noche, el dolor, la ansiedad y el temor fueron peores que nunca, y Tolle seguía pensando que no podía vivir más consigo mismo.

De repente, tuvo un pensamiento diferente: «Si no puedo vivir conmigo mismo, entonces debe haber dos yo: el "yo" y el "ego", con el que "yo" no puedo vivir». Y se dio cuenta de que tal vez sólo uno de esos yo era real.

Esta toma de conciencia lo abrumó tanto que, en ese momento, no pudo pensar en otra cosa. A pesar de que era consciente, su mente no podía formar un solo pensamiento, y por primera vez en su vida, su mente se puso completamente en estado de alerta. Quería dar un suspiro de alivio, pero antes de que pudiera hacerlo, se sintió arrastrado repentinamente a un torbellino de energía y su cuerpo comenzó a temblar incontrolablemente. Asustado de que pudiera perder el control de sí mismo, Tolle se aferró desesperadamente a lo que él creía ser: Ulrich Leonard Tolle, un asistente de investigación, un alemán, un hombre, una persona, un... Pero lo único que pudo hacer fue ceder al torbellino de energía. Cuando lo hizo, escuchó una voz en su pecho decirle que no se resistiera, y de repente dejó de tener miedo.

Tolle no podía recordar lo que pasó después, pero a la mañana siguiente se sintió diferente. En paz. Y el mundo que lo rodeaba parecía haber cambiado. Ya no parecía hostil, sino hermoso. Tolle paseó por la ciudad en completo asombro ante la belleza a su alrededor. Sentía como si hubiera nacido de nuevo de alguna manera esencial.

Sólo después entendería lo que le había sucedido. La intensa presión de su sufrimiento esa noche había llegado a ser tal que su conciencia se había visto obligada a liberarse de su «ego» desdichado y temeroso.

Tolle dijo que era como si su pasado hubiera sido borrado de repente y su futuro se hubiera vuelto irrelevante. Lo único que importaba era el presente, el ahora. Y en ese poderoso aquí y ahora, todo estaba bien.

> *Estés donde estés, permanece de lleno. Si descubres que tu aquí y ahora son intolerables y te hacen sentir desdichado, tienes tres opciones: retirarte de la situación, cambiarla, o aceptarla totalmente. Si quieres asumir la responsabilidad de tu vida, debes elegir una de estas opciones, y debes hacerlo ahora. Entonces, tendrás que aceptar las consecuencias.*
>
> —ECKHART TOLLE, *EL PODER DEL AHORA*

En su nuevo estado de conciencia, Tolle comprendió que sólo tenía que ser él mismo. Su verdadero objetivo era estar en el presente. Según Tolle, todos podemos alcanzar este estado de conciencia, de estar en el ahora, de reunir el cuerpo y el alma en una sola conciencia cuando acallamos el ruido de nuestros pensamientos. Entonces somos capaces de conectarnos con nuestro corazón, el conducto a nuestros yo verdaderos y esenciales. Al centrar tu conciencia en tu corazón, al escuchar la voz de tu corazón, comprendes lo que realmente eres.

Eres más que tu nombre, nacionalidad, profesión o cualquier otra etiqueta. Incluso si fueras a adoptar un nombre diferente, o a cambiar tu nacionalidad o profesión, seguirías siendo tú mismo. También eres más que tu personalidad, independientemente de que seas amable, competitivo, optimista o fatalista. También eres más que tu cuerpo. Si estás seriamente lastimado, puedes cambiar en algunos aspectos, pero eres esencialmente el mismo individuo.

 DEAN SHROCK

Si pudiera crear un nuevo código de diagnóstico, en realidad lo llamaría la «Identidad olvidada». Creo que hemos olvidado genuinamente lo que somos realmente, así como el poder que tenemos y nuestra verdadera esencia.

Tu verdadera identidad es tu corazón, la sede de tu alma, el más auténtico, el más genuino y el más profundo núcleo de ti mismo. Tu corazón y alma son tu esencia. Tu personalidad opera en el mundo de tus cinco sentidos, pero no percibes tu alma con esos sentidos. Tu alma está más allá del mundo de las etiquetas.

> *Vivir a la altura de la imagen que tienes de ti o que los demás tienen de ti es vivir de un modo inauténtico.*
>
> —ECKHART TOLLE, *UNA NUEVA TIERRA*

Sin embargo, para vivir en el mundo, modificamos nuestro comportamiento con el fin de adaptarnos a todo tipo de situaciones: en el hogar, en el trabajo, en la escuela, en el gimnasio. Al hacerlo, podemos proyectar una imagen de nosotros mismos, un personaje que está en desacuerdo con nuestro verdadero yo. Esta personalidad puede hacernos temerosos de ser lo que realmente somos, así que a veces negamos nuestro verdadero yo y nos escondemos detrás de una máscara.

DEEPAK CHOPRA

Cada niño ha jugado a las escondidas. Y tú sabes que cuando juegas a las escondidas, hay una parte de ti que no quiere ser descubierta y que hay otra que quiere ser descubierta. Así que nos perdemos y, finalmente, nos encontramos. Ese es el juego de la vida.

De cierta manera, dedicas toda tu vida a jugar a esconderte y a buscar. Por un lado, esperas que no te encuentren porque te sientes cómodo con la personalidad que has asumido. Por otra parte, quieres que te encuentren, porque, en el fondo, tu personalidad se irrita con tu verdadero yo. Para resolver esta discrepancia, alinea tu personalidad con tu alma.

MARIANNE WILLIAMSON

Ese cambio de la identificación con el cuerpo a la identificación con el espíritu es el significado de la iluminación. Y eso es lo mismo que decir «pasar de las percepciones de la mente al conocimiento del corazón».

Al cambiar tu atención de tu cabeza a tu corazón, te conectas con tu verdadero yo y adquieres el valor para ser quien eres realmente.

MARCI SHIMOFF

Cuando vemos la vida a través de los ojos del amor y a través de los ojos del corazón, todo cambia. El mundo exterior puede cambiar o no, o puede que no nos agrade, pero cuando cambia-

mos nuestra forma de percibirlo, cuando pasamos de nuestros pensamientos a los sentimientos de amor, todo en el mundo a nuestro alrededor parece diferente.

Cuando vemos el mundo sólo a través de nuestros pensamientos y de nuestras mentes, nos puede parecer difícil u hostil. Tenemos 60.000 pensamientos al día y el 80 por ciento son negativos, pero cuando llevamos nuestra atención al corazón y empezamos a vivir más desde él, la vida se ve diferente. El mundo se ve diferente.

 MARCI SHIMOFF

En vez de un lugar negativo, se transforma en un universo amigable. Einstein dijo que la pregunta más importante que puede hacerse una persona es: «¿Es este un universo amigable?». Y las personas que son más felices responden: «Sí, este es un universo amigable». Eso no quiere decir que todo siempre vaya a ser como quieres. Lo que significa es que crees que se trata de un universo que está de tu lado.

No hay nada bueno o malo, pero pensarlo hace que sea así.

—WILIAM SHAKESPEARE, *HAMLET*

Mantener tu corazón abierto te mantiene conectado con tu esencia. Tu verdadero yo es efectivamente un ser universal, tu verdadera identidad es parte de algo mucho más grande de lo que podríamos llamar el «alma del mundo». Tú eres, primero tu alma y segundo tu cuerpo. Tu cuerpo es un sobre que te permite funcionar en el mundo físico, mientras que tu alma trasciende todas las percepciones sensoriales, las dimensiones y otros elementos de ese mundo.

> *Sólo por ser nosotros mismos, somos conducidos a un destino más allá de lo que podríamos imaginar. El Ser que nutro en mi interior es el mismo Ser que impregna cada átomo del cosmos.*
>
> —DEEPAK CHOPRA, *VIDA INCONDICIONAL*

Permanecer alineado con tu corazón y tu alma te conecta con el universo.

> *Los seres humanos están hechos de cuerpo, mente y espíritu. De estos, el espíritu es primordial porque nos conecta con la fuente del todo, con el campo de la Conciencia.*
>
> —DEEPAK CHOPRA, *LAS SIETE LEYES ESPIRITUALES PARA PADRES*

 ## ECKHART TOLLE

> *Se llega a Dios no a través del acercamiento, algo que la mayoría de los seres humanos ha hecho durante miles de años cuando hablaban de Dios. Sus ojos iban hacia arriba y buscaban a Dios en algún lugar arriba, pero nadie lo encontró allá. Hubo incluso un astronauta ruso que vino del espacio y dijo: «No vi a Dios alguno allá arriba». Claro que no, Dios es la dimensión divina que constituye la esencia de lo que eres, y eso es el corazón. El corazón del universo, el corazón de lo que eres.*

No hay ninguna diferencia entre tu verdadero yo y el de otra persona. Todos estamos conectados. Como escribe Tolle en *El poder del ahora*: «Simplemente no puedes sentirlo porque tu mente está haciendo demasiado ruido».

NEALE DONALD WALSH

En mi conciencia, en mi entendimiento profundo, todos somos manifestaciones de lo divino. Es decir, cada uno de nosotros es una singularización de Dios mismo. Y creo que esa experiencia se produce cuando nuestros corazones se resquebrajan y abren. Entonces vemos nuestra verdadera identidad, vemos la parte más profunda de lo que somos.

Desde el momento en que llegas a ser, eres tu alma. Tu alma pone en marcha todas las funciones vitales. Y debido a que tu alma es inmaterial, no puede morir. Tu personalidad morirá, pero tu alma vivirá.

La Dra. Kathy Magliato, una cirujana cardiotorácica que escribe sobre los muchos significados del corazón, a menudo presencia los latidos finales de los pacientes mientras oscilan entre la vida y la muerte. «Algo muy definido, inconfundible, abandona tu cuerpo cuando tu corazón se detiene», dice, y cree que es el alma. También cree «que el alma reside en el corazón» porque una vez que el corazón se detiene, el alma parte.

Sólo al individuo se le da un alma.

—ALBERT EINSTEIN, «CIENCIA Y RELIGION»

Tu alma, tu ser universal, adopta una personalidad terrenal. Tu personalidad tiende a enfatizar las diferencias entre tú y los demás, pero cuando reconoces que eres un ser espiritual que tiene una experiencia humana, que todos somos seres espirituales, ves la conexión y te das cuenta de que eres, ante todo, un alma.

 GARY ZUKAV

> *En lugar de ser insignificante e impotente, empiezas a vislumbrar algo, algo que puede ser aterrador al principio: que eres un espíritu bondadoso, compasivo, poderoso y creativo.*

Estás aquí para vivir desde el corazón.

CONTEMPLACIÓN

El sentido del alma en la Tierra

Con el corazón abierto, ves el mundo en detalle: amistoso, espacioso, con vida. Cada detalle tiene su lugar y significado, escribe en *Camino de Shambhala* el físico y profesor de atención plena Jeremy Hayward.

Para aumentar la percepción de tu corazón, piensa o mira algo bello; por ejemplo, una flor. Obsérvala toda, su forma y color. Mira más de cerca y ve los detalles más pequeños: las venas de los pétalos y hojas, la textura delicada del centro. Entra en el espacio de esos detalles, siente la inmensidad en el interior y alrededor de cada uno. Conéctate con el espacio en el interior y alrededor de la flor.

Conéctate ahora con el espacio a tu alrededor. Acuéstate en el suelo o en la cama y coloca tu cuerpo en una bola apretada en la clásica posición fetal. Llévate las rodillas hasta el pecho, pon tus brazos alrededor de ellas, la cabeza sobre tus rodillas. Cierra los ojos con fuerza y siente el espacio negro a tu alrededor. Tensa todos los músculos de tu cuerpo desde los pies, por tus piernas y espalda, hasta tu cabeza. Mantén la tensión por un momento. Mantén los ojos cerrados, relaja gradualmente cada músculo, desde los pies a la cabeza. Confía en que el mundo es bueno. Mantén los ojos cerrados y permítete salir de esta pelota y desplegarte lentamente hasta que estés sentado en el suelo.

Abre los ojos. Exhala. Siente el aire en tu piel y el espacio a tu alrededor. Mira a tu alrededor, de una cosa en una. Mira de cerca y nota no sólo cada objeto, sino también el espacio y la luz a su alrededor. Tómate tu tiempo con cada objeto y siente la bondad de lo que ves.

8. Crea el Poder Auténtico

Sé bueno, porque todos los que conoces
están luchando una gran batalla.

—FILÓN DE ALEJANDRÍA

Thich Nhat Hanh, profesor de Atención, cuenta una historia sobre Buda. La noche antes de su despertar fue atacado por un ejército que lanzó miles de flechas contra él. Pero a medida que las flechas se arqueaban hacia Buda, se convirtieron en flores y cayeron sin causar daño a sus pies. La comprensión y la compasión nos ayudan a transformar las emociones negativas en otras inocuas; en conciencia. Este es el Poder Auténtico.

Debes encontrar el lugar dentro de ti donde nada es imposible.

—DEEPAK CHOPRA, *EL TERCER JESÚS*

Imagina que tu corazón y tu alma son la nave nodriza de una gran flota. Tu personalidad es uno de los muchos barcos que la acompañan, pero en última instancia, una sola nave, la nodriza, sabe a dónde se dirige toda la flota y puede mantener el rumbo. Cuando sigues tu corazón, alineando tu personalidad con tu alma, ejerces el Poder Auténtico. Sientes que vas por buen camino. Sientes alegría, significado y propósito. Eres consciente de tu energía, pensamientos y guía interna. Cada vez que estás fuera del trayecto, te sientes desdichado.

 GARY ZUKAV

El dolor en tu vida es una medida de la distancia entre tu propia percepción actual y la realidad de ti mismo como un espíritu poderoso y compasivo, creativo y amoroso. Reducir esa distancia a cero es el camino espiritual. Actualmente, el requisito evolutivo para cada uno de nosotros es crear el Poder Auténtico.

Donde reina el amor, no hay voluntad de poder; y donde predomina el poder, falta el amor. El uno es la sombra del otro.

—CARL JUNG

Estas son las cuatro propiedades fundamentales del Poder Auténtico:

- *Amor:* este tipo de amor incluye la compasión y el cuidado por los demás. Este tipo de amor te hace ver a cada madre y a cada niño hambrientos como a tu propia madre y a tu propio hijo.
- *Humildad:* este tipo de humildad reconoce que las vidas ajenas pueden ser tan difíciles como la tuya, que todo el mundo va por la vida con un poco de dolor, pérdidas y dificultades. La humildad te permite tener en cuenta que todas las personas tienen un alma hermosa y que todas las personas tienen dificultades.

- *Perdón:* perdonar a alguien luego de que te lastimó o hizo mal es como soltar una carga pesada. La persona a quien perdonas tal vez ni siquiera sea consciente de ello porque lo haces principalmente por ti mismo. A menos de que perdones, te encontrarás viendo el mundo como a través de un par de lentes oscuros que hace que todo parezca triste y contradictorio. Perdonar es como quitarte los lentes y ver que el mundo está lleno de amor y luz.

- *Claridad:* la claridad es ver la vida como parte de un todo mayor. Te das cuenta de que no eres una víctima, sino que estás aquí en la Tierra para aprender de todas tus experiencias, de las positivas y de las negativas. Te das cuenta de que eres un alma inmortal y, por tanto, de que eres infinitamente más que el cuerpo y la personalidad que posees en la actualidad.

La vida del día a día se desarrolla a menudo en una especie de competencia entre personalidades; amantes, esposos, padres, hermanos, empresas, clases sociales y naciones. Todos tratan de ejercer control sobre el otro. Este control, llamado poder exterior, se basa en nuestros sentidos: lo que podemos ver, oír, oler, saborear o tocar en el mundo exterior. A diferencia del Poder Auténtico, es competitivo y busca llevar la delantera.

> *El poder sobre los demás es la debilidad disfrazada de fuerza.*
>
> —ECKHART TOLLE, *EL PODER DEL AHORA*

 GARY ZUKAV

El poder exterior es la vieja manera de entender el poder. Es lo que nos permitió sobrevivir, sí. Y también evolucionar desde nuestro

*origen como especie. Pero ya no funciona. Es contraproducente
para nuestra evolución. Es tóxico y está siendo reemplazado. Co-
rrección: se ha reemplazado con otra comprensión del poder.*

Todo lo que obtienes a expensas de otra persona es una manifestación del
poder exterior, que opera bajo el principio de que «el aliento de un hombre
es la muerte de otro hombre». Las cosas que tienes miedo de perder, como
tu casa, tu auto, tu apariencia y tu mente aguda, son todos ejemplos del
poder exterior. Recurrir a estas cosas impermanentes te hace vulnerable.

 LINDA FRANCIS

*El poder exterior va y viene. Puedes ganarlo o perderlo. Puedes
heredarlo o te lo pueden robar.*

Para pasar del poder exterior al Poder Auténtico, escucha la voz de tu
corazón, la sede de tu alma. Alinea tu personalidad con tus cualidades
amorosas esenciales.

 GARY ZUKAV

*El Poder Auténtico es la experiencia de la alegría, del sentido,
del propósito, de la plenitud, de estar en el lugar correcto en el
momento adecuado. De saber que tu vida tiene un propósito y
que lo que estás haciendo es contribuir a ese fin. Es la alineación
de tu personalidad con tu alma, con la armonía y la cooperación, y compartir y reverenciar la vida.*

Linda Francis (*derecha*)

El Poder Auténtico reconoce el significado y el propósito en las cosas más pequeñas.

 ECKHART TOLLE

El Poder Auténtico no es el poder personal. Es un poder que trasciende más allá de quien crees ser como persona. Es un poder que se encuentra en el corazón, no sólo el tuyo, sino en el corazón mismo del universo. Así que si estás conectado con ese nivel dentro de ti, no sólo estás conectado con la esencia de lo que eres, sino también con la esencia del universo. Y eso está asentado en el viejo dicho: «Como arriba es abajo, abajo es arriba».

Para crear el Poder Auténtico, es útil tomar conciencia de las emociones que te mantienen enfrascado en el poder exterior. Debido a que tus sentimientos y emociones son el campo de fuerza en el que opera tu alma, tienes que tomar conciencia de tus emociones para alinear tu personalidad con tu alma.

 GARY ZUKAV

En lugar de mirar hacia afuera para crear poder exterior, para manipular o controlar a los demás, mira hacia adentro para ver los orígenes internos de tus experiencias.

Puedes hacerlo al centrarte en lo que sucede en tu cuerpo cuando surge una emoción negativa, con una técnica llamada Conciencia emocional.

LINDA FRANCIS

Tengo una gran noticia para ti. Cada una de tus emociones es un mensaje de tu alma. Es emocionante. Saberlo tiene grandes repercusiones porque, si lo sabes, entonces querrás prestar atención a un mensaje de tu alma. Sé que lo harás.

Todas y cada una de las emociones son como un mensaje de texto espontáneo de tu fuente interior. Es importante no eliminar estos textos del alma, y más bien percibirlos, registrarlos y absorberlos. Tu corazón es el teléfono celular que recibe los mensajes de texto de tu alma. Con el corazón abierto, puedes afrontar los temores y nutrir emociones amorosas.

DEAN SHROCK

Nuestras emociones funcionan en realidad como un sistema que nos indica cuándo estamos resonando con nuestra esencia y amor central. Y así, honestamente, simplemente prestando atención a cómo te sientes, puedes saber si estás haciendo o no lo que es honestamente correcto para ti, lo que funciona para ti.

Tus emociones te informarán de inmediato si estás en el camino correcto en la alineación de tu personalidad y de tu vida con tu alma.

ISABEL ALLENDE

¿Cómo puedo saber si algo es bueno para mí o para el mundo? Es mi cuerpo el que me dice cómo me siento, y creo que el corazón es el centro de eso.

 LINDA FRANCIS

La conciencia emocional es una herramienta que utilizo para crear el Poder Auténtico, para crecer espiritualmente. Y es algo que me permite detectar en mí, físicamente, centros de energía en mi cuerpo. Todo el tiempo examino mi interior. Me doy cuenta de lo que está sucediendo físicamente, de las sensaciones en la zona de mi garganta, en mi corazón o plexo solar y en otros centros de energía. Así puedo saber si hay partes de mi personalidad basadas en el miedo, o partes de mi personalidad activa basadas en el amor.

Tu cuerpo refleja constantemente tu estado emocional. Fíjate en las formas en que tus emociones se revelan físicamente. Adopta el hábito de preguntarte por qué, cuando estás en cierto estado de ánimo, sientes algo en tu cuerpo. Piensa si se trata de una sensación agradable o no. Hay una razón por la que el estrés te hace sentir incómodo y por la que las emociones positivas producen felicidad.

 GARY ZUKAV

La conciencia emocional no sólo significa la capacidad de decir: «Estoy enojado o triste, o soy feliz». No, es algo más preciso, arraigado y mucho más exacto que eso. Significa poder mirar áreas específicas dentro de tu cuerpo, por ejemplo el área de la garganta, del pecho, del plexo solar, y también otras, y ver qué sensaciones físicas puedes detectar allí.

Si hay sensaciones incómodas o dolorosas, sabes entonces que una parte asustada de tu personalidad está activa. Eso significa

Gary Zukav (*izquierda*)

que una parte de tu personalidad proviene del miedo, y que las conductas de esa parte de tu personalidad crearán cosas como ira, celos, resentimiento, sensación de superioridad y con derechos, sensación de inferioridad y necesidad de complacer.

Y una vez que sabes eso, sabes que actuar con amor creará experiencias constructivas y beneficiosas para ti, y experiencias que te harán sentir bien. Y que actuar con miedo creará experiencias dolorosas y destructivas para ti. Es una cuestión de conciencia emocional y elección responsable.

Con amor, claridad y sabiduría, creas el Poder Auténtico. Con el Poder Auténtico, puedes ver más allá de una emoción y en el alma de otra persona. No juzgas o condenas. Alineas tu personalidad con tu alma y utilizas el poder de tu corazón.

 LINDA FRANCIS

Crear el Poder Auténtico en realidad significa que estoy cultivando partes amorosas de mi personalidad, las partes que aprecian la vida, las partes que sienten alegría, las partes que sienten compasión.

 GARY ZUKAV

El centro de todo es el amor. El amor. Vivir tu vida con un corazón empoderado y sin apego a los resultados. La intención es la cualidad de la conciencia que impregna tus acciones. Si se trata de una energía de miedo, será una energía que necesita dominar,

controlar, manipular. Eso es apegarse a los resultados. Si se trata de una energía de amor, será la energía de la atención, de la paciencia, de la amabilidad, de la consideración, de la gratitud.

Con el Poder Auténtico, puedes ver todo lo que se te presente como una especie de don o lección necesaria. Puedes aceptar que cada don no parezca positivo la primera vez que lo recibas.

> *Sé agradecido con quien venga porque cada uno ha sido enviado como un guía del más allá.*
>
> —RUMI

Muchas de las dificultades o desafíos —incluso las enfermedades y las tragedias— no tienen un lado positivo aparente cuando ocurren. Pero puedes sentirte agradecido de estar vivo, incluso tras una pérdida terrible y, finalmente, llegar a aceptarlo. ¿Qué tienes todavía en tu vida a pesar de tu pérdida? ¿Eres capaz de hacer el bien a los demás como consecuencia de haber salido de una crisis?

 ## ECKHART TOLLE

No importa lo que alcances exteriormente en este mundo, encontrarás siempre y muy rápidamente la frustración, la decepción y alguna forma de infelicidad o sufrimiento, a pesar de todos tus logros, si no estás viviendo en conexión con ese nivel interior más profundo.

Sin importar el éxito de tu personalidad en la vida cotidiana —una carrera impresionante, bienes de lujo, vivir en un sector prestigioso—

mientras no estés ejercitando el Poder Auténtico, el éxito no te traerá satisfacción.

 NEALE DONALD WALSH

Si ignoramos los asuntos del corazón, o si no consultamos al corazón a medida que avanzamos por las experiencias de la vida, llegamos entonces a una serie de eventos que no nos llevan a ninguna parte. Pero si seguimos el consejo del corazón, si buscamos el consejo del corazón, llegamos entonces a una serie de experiencias que nos llevan de vuelta a casa.

 GARY ZUKAV

A medida que creas el Poder Auténtico, tu vida comienza a llenarse de significado y propósito, de vitalidad y creatividad porque te estás moviendo en la dirección que tu alma quiere que vayas.

Puedes utilizar cada nueva experiencia para alinear tu personalidad con tu alma. Cada situación te da la oportunidad de acercarte a la vida con un corazón abierto, transmitiendo amor al mundo. Ese es el propósito de la experiencia humana que tienes como ser espiritual. Esa es la razón de tu existencia. Ese es el Poder Auténtico.

Lo que está detrás de nosotros y lo que tenemos por delante son cosas muy pequeñas comparadas con lo que está dentro de nosotros.

—OLIVER WENDELL HOLMES

CONTEMPLACIÓN

Cálmate al mirar profundamente

El maestro zen Thich Nhat Hanh nos enseña que cada vez que percibes una emoción fuerte, inquietante o negativa, puedes calmarte si enfocas tu mente en la respiración. Prestar atención a tu respiración, inhalando y exhalando, te calmará. Simplemente concéntrate en respirar desde el abdomen. Respira y siente tu vientre subir. Al exhalar, siente tu vientre bajar. Respira pensando en tu respiración: ¿Es rápida y corta, o profunda y lenta? Inhala y exhala con atención para calmarla.

Cuando tu respiración es profunda y lenta, respira y sé consciente de que tus emociones fuertes están disminuyendo. Al exhalar, siente que cualquier enojo o miedo está mermando. Al inhalar, siente que la emoción ha pasado. Al exhalar, siente que la emoción ha pasado. Permanece en un prolongado momento de paz. Ahora puedes ver más allá de la emoción. Eres consciente de tu profunda conexión con la persona o situación que dio lugar a la emoción y ahora puedes actuar con el Poder Auténtico, con conciencia de la conexión de tu alma.

9. Los poderes de la intención y la intuición

Es más importante ser puro de intención que perfecto de acción.

—ILYAS KASSAM

Todo lo que haces, así como todo lo que piensas, se origina en una intención determinada. Tu intención no sólo gobierna tu vida; también determina el resultado de todas tus acciones.

 ECKHART TOLLE

Cualquiera que sea la situación en la que te encuentres, una pregunta muy importante que debes hacerte es: «¿Cuál es mi propósito aquí? ¿Cuál es mi intención fundamental?» En otras palabras, lo que realmente importa en primer lugar y en cualquier momento, y sin importar lo que estés haciendo, es ¿cuál es el estado de conciencia a partir del cual actúas?

En lo más profundo de tu corazón sabes que la intención es lo que alimenta tus acciones o pensamientos. Sólo tú puedes saberlo. Y sabes si lo que estás haciendo está dirigido a la armonía y a la cooperación, o sólo al beneficio personal.

 ## MAYA ANGELOU

> *Es posible que tengas la intención de conseguir un millón de dólares, y esa intención requerirá que robes un banco o asaltes a alguien en la calle. Tu intención podría ser la de conseguir una mujer: «Quiero a esta mujer, quiero que este hombre sea mío». Sin embargo, si realmente lo quieres, acude al corazón y di: «Esto es lo que quiero». Y el corazón puede decir: «Te ayudaré a conseguirlo. Te mostraré cómo. Debes estar dispuesto a trabajar ahora. Confía en mí ahora y podrás tenerlo. Sí, mientras no haga daño a nadie. Sí».*

La intención que subyace a tus acciones y pensamientos es energía. Toda la energía que gastes vuelve siempre a ti, ya sea directa o indirectamente. Así que querrás actuar teniéndolo en cuenta. Quieres actuar conscientemente, desde el corazón, con amor, y con Rectitud de intención.

 ## ISABEL ALLENDE

> *Tengo que actuar desde un lugar de buenas intenciones, desde un lugar de amor y bondad. Es un lugar de buenas intenciones lo que me permite caminar en este mundo, sin hacer daño.*

Maya Angelou (*derecha*)

Si irradias amor genuino y compasión, al final recibirás amor y compasión. Si, por el contrario, irradias miedo y sospecha, te encontrarás en situaciones llenas de miedo y sospecha. Es simplista decir que, si estás enojado hoy, atraerás a gente enojada mañana, pero, si generalmente eres rudo y desconfiado, en el largo plazo atraerás personas que tengan personalidades y actitudes similares. Te sientes atraído por personas con la misma energía, y atraes personas que experimentan el mundo como lo haces tú. Ellos te entienden y tú los entiendes. Se podría decir que recibes del mundo lo mismo que le das. Así que tu intención es una causa que produce los mismos efectos.

 ECKHART TOLLE

Tu primera intención debe ser: tu estado de conciencia en este momento. Tu intención debe ser: la conexión con el corazón en este momento.

Lo que intentas es lo que obtienes. Una vez que decidas vivir en conexión con tu corazón, experimentarás una realidad diferente, más positiva. Debido a que tu intención se origina en tu corazón, puedes atraer la energía de la armonía y el amor. La intención es la cualidad de la conciencia que impregna tus acciones.

La intención en el origen de tus acciones es importante. La energía de tu intención influye en las consecuencias de tus acciones. Cada palabra que dices y todo lo que haces está impregnado de conciencia. Si piensas en términos de dar, atraerás almas afines con las que creas una realidad de generosidad, una realidad que refleja esa intención. Esta podría ser una de las verdades más grandes del universo, a veces la llaman «karma».

Si creo desde el corazón, casi todo funciona,

y si creo desde la cabeza, casi nada lo hace.

—MARC CHAGALL

Por supuesto que siempre habrá cosas desagradables en la vida en las que no puedes influir, están fuera de tu control. Sin embargo, también hay un montón de cosas que escapan a tu control porque no eres plenamente consciente de la intención que subyace a tus acciones. Es por eso que es importante ser consciente de la energía que creas.

Cada signo vital importante —la temperatura corporal,

la frecuencia cardíaca, el consumo de oxígeno, el nivel hormonal, la

actividad cerebral y así sucesivamente— altera el momento de decidirte

a hacer cualquier cosa... Las decisiones son señales que dicen a tu

cuerpo, mente y entorno que se muevan en una cierta dirección.

—DEEPAK CHOPRA, *EL LIBRO DE LOS SECRETOS*

Cada vez que sientes que tu vida está fuera de control, que estás siendo manipulado por los que te rodean, que las cosas no salen a tu manera, decide pensar y actuar con una intención y una mentalidad positiva. Piensa en formas positivas de ver tu situación. Así tendrás una mayor probabilidad de encontrar oportunidades que de otra manera se perderían.

Siempre es el momento adecuado para hacer lo que es correcto.

—MARTIN LUTHER KING, JR.

La decisión de crear una intención que tenga consecuencias amorosas requiere algo más que decir que estás eligiendo esa intención.

Tienes que sentir esa energía en tu corazón. El universo mira directamente a través de una falsa intención para ver lo que está en tu corazón. Escucha a tu corazón para descubrir lo que realmente deseas lograr con tus acciones. Conéctate con tu corazón para crear la energía de la intención positiva y adecuada.

 GARY ZUKAV

Aprender a distinguir tus intenciones está en el centro de la creación del Poder Auténtico. Las intenciones que surgen del miedo están asociadas con un resultado. Y con el fin de ser satisfechas, deben lograr ese resultado. Esos aspectos de tu personalidad deben manipular y controlar las circunstancias y a las personas para su satisfacción. Las partes de tu personalidad que se originan en el amor, se preocupan por la gente. Se preocupan por los demás.

El amor sin acción no tiene sentido y la acción sin amor es irrelevante.

—DEEPAK CHOPRA

Cuando haces algo para tu beneficio personal, tu intención proviene del miedo, de tu personalidad. Cuando actúas para crear armonía y cooperación, tu intención proviene de tu corazón. Tu corazón y tu alma sólo tienen propiedades amorosas. Sólo las intenciones que se originan en el corazón pueden dar a tu vida una realización y un significado verdaderos.

 MAYA ANGELOU

Si hablas desde el corazón, tu intención será de todo corazón, será sabia.

El maestro zen Thich Nhat Hanh sugiere que practiquemos varias preguntas para asegurarnos de estar creando intenciones buenas o correctas. Escribe estas preguntas en un pedazo de papel y ponlo donde lo veas a medida que avanza tu día. Antes de plantearte estas preguntas, inhala y exhala tres veces de manera lenta para que entres al presente.

La primera pregunta que debes hacerte antes de actuar es: «¿Estoy seguro?», o «¿Qué estoy haciendo?». Esto puede ayudarte a desechar las percepciones equivocadas para asegurarte de que sabes lo que estás haciendo y a dónde vas. Luego pregúntate: «¿Es mi intención la correcta por ahora?». Pregúntate a continuación: «¿Estoy actuando de forma automática o por costumbre?». La energía de la costumbre a veces puede ser inconsciente y no intencional, por lo que quieres estar atento a tu intención y a tu acción. Por último, pregúntate: «¿Mi intención está basada en la bondad amorosa, en la compasión y en los buenos deseos para los demás?».

Estas preguntas pueden ayudarte a ser consciente de tus intenciones y acciones.

El lenguaje de tu intución

La intuición es realmente una inmersión repentina
del alma en la corriente universal de la vida.

—PAULO COELHO, *EL ALQUIMISTA*

No hay cómo negar la intuición. La gente extremadamente racional y de sentido común puede recordar momentos en que fueron ayudados por la intuición. De hecho, Aristóteles definió la sabiduría como la «razón intuitiva combinada con el conocimiento científico».

Nuestros cinco sentidos nos permiten percibir una parte de la realidad física; lo que vemos, oímos, degustamos, olemos y tocamos en el mundo que nos rodea. Pero, inevitablemente, tropezamos con los límites de nuestros cinco sentidos y con el pensamiento racional. Es entonces cuando debemos conectarnos con el corazón y con su capacidad intuitiva para saber qué hacer.

No puedes oír la voz de tu corazón con tus oídos, o de hecho, con ninguno de tus otros sentidos. Para eso se necesita intuición, una forma de percepción que trasciende la percepción sensorial.

 ## LINDA FRANCIS

La percepción de los cinco sentidos es todo lo que puedes experimentar con los cinco sentidos. Todo lo que puedes ver, como el océano, todo lo que puedes oír, todo lo que puedes tocar, todo lo que puedes oler, como una tarta de chocolate que está en el horno, todo lo que puedes degustar, como una fresa o un mango. Ahora tenemos acceso a más que a los cinco sentidos, a otro sistema sensorial más grande que nos puede dar una información que nuestros ojos, oídos, nariz, gusto y tacto no pueden darnos usualmente.

Tu corazón te da acceso a las percepciones multisensoriales —a tu intuición— del mismo modo que te conecta con el universo y el más alto nivel de tu conciencia. La intuición es intangible, pero también muy personal. No hay dos personas en la Tierra que tengan las mismas huellas digitales, y lo mismo puede decirse de la intuición: no hay dos personas cuya intuición funcione de la misma manera. Cada ser humano tiene una intuición propia y única, que se alimenta de las emociones.

La intuición es el lenguaje del corazón. Puedes descubrir cómo funciona tu intuición al dirigir tu atención hacia tu interior, simplemente mirando hacia adentro para conectarte con tu corazón.

 ## GARY ZUKAV

Imagina que has pasado el día haciendo senderismo en un país montañoso. Y entonces te das cuenta de que no sabes dónde estás. Anochece, hace frío y estás temblando. Cada vez está más oscuro, tanto así que no puedes ver nada. Oyes sonidos extraños: «Aaaah. ¿Es un búho?». Ves una forma oscura: «Aaaah, ¿era un animal? ¿Era un oso?». Pero algo dentro de ti dice: «Está bien, está bien. Este es un buen lugar para estar». Pero tienes hambre y tu estómago está gruñendo. Necesitas irte a casa. Y algo dentro de ti dice: «Está bien, estás bien». Pero la gente está preocupada por ti y necesitas encontrar tu auto inmediatamente. Y una vez más, algo dentro de ti dice: «Está bien, tú estás bien». Te acuestas e intentas dormir. Por fin, sale el sol, ves un acantilado escarpado casi frente a ti y estás encima de él. Si hubieras dado un par de pasos más, habrías caído por el precipicio. El alba te muestra aquello que podría haber acabado con tu vida. La voz dentro de ti, la que dijo: «Está bien, este es un buen lugar para estar», lo vio todo. Vio el acantilado. Sabe exactamente a dónde tienes que ir y por qué. Esa es la percepción multisensorial.

Al abrir tu corazón, entras a tu intuición, lo cual te permite percibir una realidad no visible que no puedes discernir con tus cinco sentidos. Mientras que tus sentidos pueden ser engañados, tu intuición nunca te fallará.

LINDA FRANCIS

Esta es la voz del alma que te habla. Te dice muchas más cosas que cómo seguir con vida. Te dice dónde te están esperando tus amigos y colegas, qué caminos debes evitar y cuáles explorar. Siempre te guía, te apoya y te lleva hacia la meta. La percepción multisensorial es la experiencia y el conocimiento que van más allá de los cinco sentidos.

PAULO COELHO

Es muy importante escuchar a nuestro corazón, no porque tengamos todas las respuestas allí —aunque es posible que las tengamos allí— sino porque, de alguna manera, el corazón está provocando en nosotros algo que hemos perdido: la intuición. Y basados en nuestra intuición, podemos seguir adelante.

Tu propia intuición o percepción multisensorial tiene una voz o sensación única.

LINDA FRANCIS

Hay muchas maneras de reconocer la percepción multisensorial. Si pensaste que todo era perfecto, así es. Si sientes por un momento que una coincidencia es más que una coincidencia, de que hay algo poderoso y significativo detrás de ella, así es.

GARY ZUKAV

Empiezas a descubrir que sabes ciertas cosas, o si tienes la sensación de que sabes cosas sobre otras personas —por ejemplo, ves a alguien en el supermercado y tienes la sensación de que acaba de divorciarse, y de que tiene mucho dolor—, así es. O de que alguien que parece áspero e intimidante tiene un buen corazón; así es.

La intuición de tu corazón también te permite ver bajo la superficie de la conducta de otras personas para ejercer la compasión. Por ejemplo, cuando alguien parece molesto contigo, tu intuición puede hacerte ver que esta persona está bajo un estrés que le hace proyectar su frustración en ti.

 ## LINDA FRANCIS

Algo importante sucede cuando comienzas a sentir que eres más de lo que pensabas que eras, que eres más que una mente en un cuerpo. Es eso. Es empezar a ver más. Comienza a ver todo lo que has visto antes, todo lo que tus cinco sentidos pueden revelarte. Y al mismo tiempo, te das cuenta de que hay una inteligencia, propósito y poder detrás de eso. Esa es la percepción multisensorial.

Esta fuerza creativa de la imaginación es parte de la generatividad constante del corazón, que siempre te ofrece nuevas oportunidades. Tu corazón te ofrece estas oportunidades a través de tu intuición, para que puedas acercarte a la vida de una manera diferente y más completa.

ISABEL ALLENDE

Mi cuerpo sólo puede percibir ciertas cosas, pero esa realidad es mucho más compleja. Cuando escribo, cuando estoy sola y en silencio por tiempo suficiente, puedo ver, puedo percibir esas conexiones entre el pasado y el futuro. Puedo relacionar eventos, causas y efectos de una manera diferente de cuando estoy ocupada, cuando estoy en el ruido y cuando estoy con otras personas.

La gente dice que escribo en el estilo del realismo mágico, lo que esto quiera decir, como si fuera algún tipo de recurso literario, un estilo. Esa es la manera como dirijo mi vida. El mundo es un lugar muy misterioso y sabemos muy poco. Hay dimensiones de realidad, tal vez todo sucede simultáneamente, y todo, desde el pasado o el futuro, está sucediendo en este momento y en este lugar.

Así que la escritura ha sido mi camino espiritual para encontrar dónde está el alma. Y puedo percibir cosas que otras personas piensan que son una especie de locura. Por ejemplo, sueño mucho y escribo esos sueños porque mi alma me indica algo a lo que debo prestar atención.

La intuición siempre tiene presente tus mejores intereses y favorece los impulsos y las intenciones amorosas. Siempre que dudes, actúa desde el corazón.

La mente intuitiva es un regalo sagrado y la mente racional es un sirviente fiel.

—ALBERT EINSTEIN

Isabel Allende (*derecha*)

 GARY ZUKAV

La comprensión intelectual no desaparece con la aparición de la percepción multisensorial. Pero es rebajada. Ya no es el presidente de la junta, se convierte en un empleado. Ahora está al servicio del corazón.

 JOE DISPENZA

Cuando comenzamos a abrir nuestro corazón, en realidad estamos funcionando desde un nivel diferente de conciencia. Allí donde llevamos nuestra atención es donde llevamos nuestra energía. El corazón comienza a recoger la información intuitiva. Y el corazón recibe la información intuitiva antes de que el cerebro lo haga.

Todo en la vida está conectado. Tu intuición te permite ver esas conexiones a tu alrededor y actuar en concierto con ellas.

Siempre sabemos cuál es el mejor camino, aunque a menudo sólo seguimos aquel al que nos hemos acostumbrado. Pero una vez que te has conectado con tu corazón, puedes actuar a partir de tu intuición, tu forma más elevada de inteligencia, sin necesidad de cuestionarlo o de saber por qué.

El poder de la comprensión intuitiva te protegerá
de cualquier daño hasta el final de tus días.

—LAO TSE

CONTEMPLACIÓN

Sigue tu intuición

Tu intuición te habla a su manera. Puede hacerte sentir incómodo o irritable para llamar tu atención. Puede causarte ansiedad o producirte una sensación de desapego, como si hubieras perdido repentinamente contacto con tus sentimientos y necesitaras volverte a conectar. Puede comunicarse contigo en un sueño o en una canción que no puedes sacarte de la cabeza: ¿quizá haya un mensaje literal o metafórico en el sueño o en la letra? Tal vez oyes una voz interior que te da indicaciones o advertencias reales. O percibes una cierta sensación, la de saber; un vacío en el estómago o un mareo en la cabeza.

Si piensas en alguien sin ninguna razón, envíale un correo electrónico o llámalo. Presta atención a las primeras impresiones en cada situación y a las respuestas a preguntas que pasen por tu mente. Lleva un diario de tus intuiciones y de lo que sucede cuando actúas basado en ellas.

Sin importar cómo se comunique tu intuición contigo, confía en ella. Dale tu atención. Reposa con ella, descansa en ella. Ábrete a lo que te diga. No discutas con tu intuición, así te diga algo que no quieres oír. Sigue su orientación lo mejor que puedas. Tal vez no sea lógico y no te pueda dar de una sola vez la imagen completa de lo que va a pasar. Puede que tengas que seguirla y permitir que los acontecimientos transcurran antes de ver lo precisa que es.

10. La sincronía: El orden oculto detrás de todo

No hay errores, no hay coincidencias. Todos los eventos
son bendiciones que recibimos para aprender.

—ELIZABETH KÜBLER-ROSS

Unos meses después de que comencé a trabajar en la película *El poder del corazón*, empecé a tener serias dudas acerca de lo que estaba haciendo. No estaba completamente seguro de que sería capaz de llevar a término un proyecto tan ambicioso. Por algún tiempo, incluso pensé en dejarlo todo y regresar a mi trabajo de abogado. Después de todo, eso es lo que sabía hacer.

Incapaz de soportar estas dudas por más tiempo, un día me dije: *Si realmente se supone que debería estar haciendo esto, si esto es lo que la vida quiere de mí, entonces necesito una señal de confirmación, y la necesito hoy mismo*. Incluso, me encontré diciendo en voz alta al universo: «Si se supone que debo hacer esto, ¡dame una señal!».

Momentos después, sonó el timbre de la puerta. El cartero me saludó y me entregó una pila de revistas. El encabezado de la revista que estaba encima de todas, decía en letras grandes: *Sigue a tu corazón* (*Volg je Hart* en holandés).

En ese momento supe, entendí por completo, que esa era la señal que necesitaba. Me inundó un profundo sentimiento de gratitud, ¡y no tuve más dudas!

Hay un poder mayor detrás de absolutamente todo lo que haces. Las cosas suceden por una razón, y cuando parece que el mundo está trabajando contigo y no contra ti, hay sincronía. ¿No has tenido la sensación de que hay algo que no era «simplemente» una coincidencia? Tal vez escuchaste una canción en la radio cuya letra y mensaje resonó en ti durante todo el día. O pensaste en una amiga a quien no veías desde hace mucho tiempo, y te llamó para darte noticias maravillosas.

 GARY ZUKAV

La sincronía es una palabra interesante y curiosa creada por Carl Jung. Y a lo que él se refería con ella es a esos momentos en tu vida cuando algo parece ser una coincidencia pero sabes que se trata de algo más. Es más que una simple coincidencia al azar. Hay un sentido, hay un propósito, hay un poder detrás de ella.

Las sincronías parecen pequeños milagros, regalos anónimos del universo. Llegan como una sorpresa agradable, como una conexión maravillosa que puede transformar tu vida de un momento a otro, abriendo un camino emocionante con la posibilidad de crecimiento o perspectiva. Estos eventos son muy poco probables y, sin embargo, suceden. Tienes una gran necesidad de ayuda o consejo por parte de alguien con quien creías que no te podías contactar, pero que de repente te escribe un correo electrónico o aparece en tu puerta. Te encuentras con el amor de tu vida luego de ir a un lugar al que no habías planeado ir. Cuando las improbabilidades parecen multiplicarse una tras otra, y las leyes habituales de la causa y el efecto están suspendidas, esa es la sincronía.

 ## PAULO COELHO

Creo que este universo es íntegro. Y así, la sincronía para mí es esta conexión que tienes, que conoces gente, o que lees algo que necesitabas leer en ese momento, o que haces algo que está ahí esperando por ti.

 ## ECKHART TOLLE

Por ejemplo, el simple hecho de encontrarte con la persona exacta que quiere ayudarte en lo que estás haciendo, o recibir una llamada telefónica en el momento adecuado. Algo que coincide con lo que estás haciendo y se convierte en un factor útil. Y no puedes explicar causalmente cómo sucedió eso.

Piensa en las coincidencias que te han ocurrido y pregúntate cómo sucedieron. Decídete a ver dentro de las sincronías que te rodean. ¿Ves ahora otras conexiones que habías pasado por alto, o que no querías ver?

PAULO COELHO

Las personas tienen a veces un poco de miedo. Tienen miedo de aceptar que hay una oportunidad esperándolas. Dicen: «No, no, esto no tiene sentido» o: «Es peligroso porque esta oportunidad, esta sincronía que apenas sucedió puede cambiar mi vida para siempre». Y entonces no obedeces a tu corazón, no obedeces a la sincronía, no obedeces a lo que se presenta con una etiqueta delante de ti: «Sígueme, escúchame, estoy aquí». No lo haces y luego pierdes todas las posibilidades que te ofrece esa sincronía.

Cada vez que tengas una experiencia improbable, reconoce que tiene un significado más profundo. Permanece alerta y busca pistas que podrían decirte más sobre ese significado. Siempre que establezcas un mensaje detrás de un evento sincrónico, confirmarás que estás conectado con una conciencia superior y que eres mucho menos propenso a verte obstaculizado por sentimientos de temor y duda cuando te alineas con tu alma.

MICHAEL BECKWITH

A medida que empezamos a buscar la sincronía, a medida que empezamos a notar que existe una interconexión de la vida en todas partes, sucede algo. Es como si un filtro desapareciera. Y percibimos que la sincronía está a nuestro alrededor, que este universo no es accidental.

Lo interesante de la sincronía es que cuanto más te concentras en ella, más te atrae y más a menudo la experimentas. Y a medida que tratas de ver los significados y conexiones en el fondo de cada experiencia, aumentas tus habilidades intuitivas.

> *Las coincidencias son juegos de palabras espirituales.*
>
> —G. K. CHESTERTON

Aunque no veas de inmediato el significado de las conexiones detrás de una sincronía, síguete preguntando al respecto. La respuesta puede llegar más tarde ese mismo día, semana o mes. Y puede estar en la forma de otra sincronía: tal vez una visión repentina o un encuentro inesperado.

 ## ISABEL ALLENDE

Creo que todo está conectado, que existe una cierta telaraña. Y en esta telaraña todo en el universo está conectado. El pasado, el futuro, el universo, los planetas, cada forma de vida.

Tu mente lógica sólo puede mostrarte las conexiones causales, pero en el nivel más profundo del alma una gran red de conexiones está funcionando. A medida que aprendas a ver con tu corazón, más allá de tu personalidad, a través de tu intuición, esas conexiones se harán visibles.

 ## GARY ZUKAV

A medida que te vuelves multisensorial, este tipo de experiencias se vuelven más comunes. Y a medida que creas el Poder Auténtico en tu vida, comenzarás a ver que no hay nada al azar en tu experiencia. No hay nada accidental en tu mundo.

DEEPAK CHOPRA

Entiendes experiencialmente cuando descubres que estás conectado de hecho a toda la cadena del ser, a todo el ecosistema, que eres parte de un espíritu, de una conciencia.

Sigue tu corazón. Tu corazón sabe que eres parte de una conciencia infinitamente grande que te da acceso a un número infinito de posibilidades. Tu mente filtra la realidad, pero tu corazón ve un orden oculto y un panorama más completo.

PAULO COELHO

Desde el momento en que sigas a tu corazón, tu vida estará llena de maravillas.

MARCI SHIMOFF

Las sincronías ocurren. Los milagros ocurren. La gente aparece, la persona exacta con la que necesitas hablar hoy aparece justo frente a ti. O la persona que tiene una respuesta a tu pregunta te llama de improviso. Cuando estás viviendo con un corazón abierto, los milagros suceden y no tienes que crearlos desde una sensación de esfuerzo. Simplemente suceden sin esfuerzo.

La sincronía es de hecho una expresión de un cambio en tu identidad, un cambio de tu cabeza a tu corazón. Los milagros se convierten en una ocurrencia más regular en tu vida. En un nivel experiencial, te vuelves cada vez más consciente del amor y de la sabiduría de tu alma. Vivir en la sincronía significa vivir la vida que has nacido para vivir.

PAULO COELHO

La sincronía es un milagro. Lo único que puedes hacer es estar abierto a la sincronía y prestar atención.

DEAN SHROCK

Es una ley natural del universo: te alineas con el amor y simplemente el universo comienza a mostrarte las formas más milagrosas.

Deepak Chopra escribe en su libro *Sincrodestino* que, de acuerdo con la antigua sabiduría, hay dos signos de que en tu interior se están produciendo transformaciones que te permiten conectarte con una conciencia superior. «El primer síntoma es que dejas de preocuparte. Las cosas ya no te molestan. Te vuelves desenfadado y lleno de alegría. El segundo síntoma es que encuentras más y más coincidencias significativas en tu vida, más y más sincronicidades. Y esto se acelera al punto en que realmente experimentas lo milagroso».

ECKHART TOLLE

A menudo es una muy buena señal que sucedan eventos sincrónicos, factores útiles que entran en tu vida, porque por lo general significa que todo aquello en lo que estás involucrado, cualquier actividad a la que te dediques, está conectada con una dimensión más profunda.

Una vez que estás alineado con tu alma y eres consciente del orden oculto detrás de tu vida cotidiana, descubres patrones y oportunidades extraordinarias. Una vez que eres consciente de la telaraña de conexiones que lo abarca todo, incluso los hechos más insignificantes están llenos de significado.

 GARY ZUKAV

Todos vivimos en un universo de compasión y sabiduría, que impregna todo lo que hacemos. Está ahí, somos conscientes de él, o no somos conscientes de él. Pero está ahí.

Accede a la sincronía

Cuando dejamos de oponernos a la realidad, la acción se vuelve simple, fluida, amable y valiente.

—BYRON KATIE

Programa tus propósitos para descubrir lo que estás destinado a hacer, ahora y a largo plazo. Al preguntar a tus propósitos, te abres a tu intuición y te permites ver cosas que tu corazón quiere que percibas. Accedes a una conexión universal que hará las cosas a tu manera.

 ECKHART TOLLE

Es de vital importancia que en cualquier emprendimiento te preguntes no tanto «¿Qué es lo que quiero en la vida?», sino: «¿Qué es lo que la vida quiere que yo haga? ¿Qué es lo que la vida quiere expresar a través de mí?». También la puedes lla-

mar «totalidad»: «¿Qué es lo que la totalidad quiere expresar a través de mí?». O puedes llamarla «dimensión divina»: «¿Qué es lo que el corazón realmente quiere aquí?». Y cuando estás alineado con eso, se manifiesta como un poderoso impulso dentro de ti: podría manifestarse como entusiasmo, como alegría en lo que haces, y no con estrés. En otras palabras: disfrutas plenamente del momento presente, disfrutas el hacer. Eso significa que estás conectado con un nivel más profundo dentro de ti.

Las partes temerosas de tu personalidad tienen motivaciones particulares. Podrías sentir que deberías permanecer en un trabajo con un ingreso asegurado y otros beneficios, a pesar de que esto no te haga sentir realizado. Tu alma tiene una motivación diferente, y ve este trabajo no como tu destino final, sino como un paso. Si te sientes atrapado, no te desesperes o resignes. Programa tus propósitos para permanecer conectado con tu corazón. Escucha tu intuición, que te ayudará en el camino de tus sueños y destino final.

 ## ECKHART TOLLE

Es maravillosamente liberador y empoderador alinearte con el corazón, que subyace a toda la creación. Y es entonces que encuentras a menudo factores útiles que aparecen en tu vida de la nada. Esos son eventos sincrónicos, por lo general una confirmación de que estás conectado a ese nivel más profundo.

A medida que entras a ese camino de hacer lo que naciste para hacer, cada vez experimentas más la sincronía. Las soluciones se presentarán de forma espontánea y por lo general de forma inesperada, desde el corazón: esa dimensión del amor, el sentido y la felicidad.

 ## ISABEL ALLENDE

Creo que nos conectamos con la «telaraña» de las conexiones mediante la risa, mediante la alegría. ¿Por qué todo tiene que ser tan serio? ¿Por qué la práctica espiritual, el amor y todo tiene que tener esta sensación de pesadez? Todo consiste en la alegría, todo consiste en la luz. Nunca estoy más conectada con el mundo que cuando me estoy riendo. Y creo que se trata precisamente de eso: tenemos que ser alegres.

 ## PAULO COELHO

Es muy importante divertirse. Aun en medio de algo que estás haciendo y que requiere mucha disciplina, necesitas diversión. La diversión de estar vivo. La vida es alegría. La vida debe estar conectada con la energía del amor, y la energía del amor tiene un componente muy importante: la diversión.

Confiar en tu intuición y actuar desde el corazón podría requerir valor. Incluso cuando eres llamado claramente a renunciar a un trabajo seguro con el fin de perseguir tus verdadera metas, es probable que la fortuna no te sonría exactamente al principio. Esto puede ser desconcertante, pero recuerda que la ansiedad proviene de tu personalidad. Ten fe en el deseo de tu corazón. Permanece alineado con tu intención de actuar desde tu corazón.

MAYA ANGELOU

Creo que el corazón es lo único en lo que podemos confiar.

 ## MARIANNE WILLIAMSON

A veces, en la vida, no sabes cómo hacer el cambio. Pero el mismo hecho de que estés comprometido a hacerlo, de que estés convencido de que es necesario, abre nuevas posibilidades.

 ## MICHAEL BECKWITH

Nuestro crecimiento espiritual, desarrollo y envolvimiento como seres, están supeditados a aprender a confiar en el corazón y en el alma.

Confiar en tu corazón significa comprender que tu corazón tiene acceso a una sabiduría que es varias veces mayor que tu intelecto. Tu corazón intuye lo que es bueno para ti. Si confías realmente en tu corazón, no te preocuparás por la voz dentro de tu cabeza que te desalienta, te preocupa o te critica. Elimina todas las preguntas que comiencen con las palabras «pero ¿qué pasaría si?», y envíate bondad amorosa y energía del corazón.

 ## ISABEL ALLENDE

Si no confías en el corazón, ¿en qué vas a confiar? Quiero decir, eso es todo lo que tienes. Cuando tengo que tomar una decisión, sé que lo más razonable es hacer una lista de los pros y los contras de lo que debo hacer y de lo que no debo hacer, de cuáles

son las ventajas y las desventajas. Simplemente cierro los ojos, inhalo, exhalo y confío en mi intuición. La intuición es la voz del corazón que me dice lo que tengo que hacer.

Confía cada decisión a tu corazón, por insignificante o trascendental que sea. Pero prepárate para renunciar a resultados inmediatos y tangibles. Es probable que obtengas una respuesta rápida a tu pregunta sobre qué hacer con tu vida, como lo hice yo, pero puede que tengas que plantear tu pregunta en silencio varias veces para oír y entender la respuesta. Recibirás la respuesta que necesitas, o la respuesta que esperas. A veces tienes que vivir un tiempo en la incertidumbre para que la conexión con tu alma pueda afianzarse y madurar. Mantén tu pregunta en tu corazón, vive con tu pregunta. Vive la pregunta.

Ten paciencia con todo lo que no está resuelto en tu corazón y trata de amar las preguntas mismas... No busques ahora las respuestas, que no recibirás porque no serías capaz de vivirlas. Se trata de vivirlo todo. Vive las preguntas ahora. Tal vez luego, gradualmente y sin darte cuenta, vivirás algún un día en la respuesta.

—RAINER MARIA RILKE

 ## PAULO COELHO

Es porque tu corazón está abierto que disfrutas las preguntas, y no porque tengas las respuestas a estas preguntas. Desde el momento en que disfrutes las preguntas, tendrás entonces una puerta abierta a la vida.

Ten la confiaza en que tu alma tendrá en última instancia algo mejor para ti de lo que tu mente pueda imaginar, con el tiempo serás capaz de vivir con esa incertidumbre, y tal vez incluso disfrutar de ella. Mientras tanto, aumenta tu confianza en tu corazón y establece un contacto más frecuente con tu alma.

Sentirte bien con no saber es crucial para que las respuestas vengan a ti.

—ECKHART TOLLE

 ## LINDA FRANCIS

Tienes que experimentar. Pruébalo por ti mismo. Es muy importante si quieres cambiar tu vida.

Al comienzo, estos experimentos no tienen que ser grandes. Puedes comenzar tomando decisiones acerca de aceptar o no una invitación, o si debes cambiar tu ruta a casa o al trabajo.

Confía en lo que te conmueva con mayor profundidad.

—SAM KEEN

Al seguir tu corazón, no tienes necesariamente que renunciar a tu puesto de trabajo ni «quemar las naves». Tan pronto como comienzas a reorganizar tu vida alrededor de tu corazón y tu alma, sientes un significado más profundo en muchas situaciones cotidianas. Percibes un entusiasmo renovado por la vida. Tu corazón está dispuesto a aprovechar todas las oportunidades para crecer y, a medida que el poder de tu corazón crece, te resulta más fácil depositar tu confianza implícita en el universo.

 ## GARY ZUKAV

Entonces el universo sabio y compasivo se convierte en ti, y tú te conviertes en una expresión sabia y compasiva de eso.

Confiar en tu corazón conduce a una profunda paz mental. Nunca te preocupas de nuevo, porque sabes que todo sigue el curso previsto.

 ## JOE DISPENZA

Es un momento interesante, porque cuando nos deslizamos en este lugar y nos sentimos tan completos, nunca queremos nada y ese es el momento en que llegamos a este lugar donde nos encontramos en el reino en el que podemos tener cualquier cosa. Y cuando finalmente llegamos allí, ya no queremos nada y entonces los milagros comienzan a suceder alrededor de nosotros. Y la organización del universo comienza a manifestarse de formas nuevas e inusuales.

Al desprenderte del miedo, estarás en un estado de máxima conectividad y de armonía con el universo. Estarás viviendo tu mejor vida posible.

 ## PAULO COELHO

Desde el instante en que te sientes entusiasmado con todo, sabes que estás siguiendo a tu corazón.

 ## MICHAEL BECKWITH

La confianza en la vida empieza a ser activada dentro de nosotros. Nos damos cuenta de que estamos confiando en el corazón, de que estamos confiando en nuestra propia alma, y de que nunca nos lleva por mal camino. Al dar el siguiente paso lo sabemos. Lo sentimos. Está justo ahí.

Joe Dispenza (*izquierda*)

CONTEMPLACIÓN

Todo lo que sucede es una lección

El libro de Charlene Belitz *El poder del flujo* indica distintas maneras de incrementar las experiencias de sincronicidad. Piensa en un punto de inflexión en tu vida o en una experiencia que te haya parecido una coincidencia grande o pequeña. Pregúntate: «¿Qué aprendí de ese evento? ¿Qué beneficio trajo a mi vida?». Mira todo lo que sucede como una lección.

Piensa en otras experiencias y puntos de inflexión, buenos y malos. ¿Qué te enseñó cada uno? ¿Alguna experiencia condujo a otra? ¿Fue buena o mala? ¿Parecías estar dirigido a ese camino? ¿Qué patrones observas en estos eventos? ¿Qué lecciones puedes sacar? ¿Ves conexiones ahora que hayas pasado por alto antes? ¿Ves alguna manera de actuar ahora o en el futuro a partir de lo que aprendiste?

Pregunta a tu corazón cómo conectarte con los demás. Esto creará sincronías en tu vida y en las vidas de otros. Escucha y actúa basado en los mensajes intuitivos que recibas.

Si estás preparado para escucharlo, programa tu intención para descubrir tus propósitos. Pregúntate: «¿Qué quiere la vida de mí? ¿Qué quiere mi corazón que haga yo?».

PARTE 3:

El corazón en el mundo

*Como seres humanos, nuestra grandeza no
radica tanto en poder rehacer el mundo... como en
la posibilidad de rehacernos a nosotros mismos.*
—GANDHI

11. El dinero y la carrera

Si te centras en el éxito, tendrás estrés. Pero si persigues la excelencia, el éxito estará garantizado.

—DEEPAK CHOPRA

El dinero es un medio de intercambio, una herramienta para facilitar la transferencia de bienes y servicios. Sin embargo, para muchas personas se convierte en una definición del éxito. Aunque sin lugar a dudas es importante para ayudar a satisfacer necesidades básicas como la alimentación y la vivienda, se trata de un poder exterior que no te protegerá de los desafíos de la vida ni te ayudará a encontrar el propósito de tu vida. El dinero sólo tiene un efecto limitado en tu felicidad. Las investigaciones científicas confirman que la influencia del dinero en tu sensación de bienestar es bastante limitada y que un ingreso anual superior a 75.000 dólares no te hará más feliz.

 DEEPAK CHOPRA

Tenemos una crisis económica porque hemos construido una economía que se basaba en una premisa falsa. En primer lugar,

> *la crisis económica se produjo porque estábamos gastando un dinero que no habíamos ganado, para comprar cosas que no necesitábamos y para impresionar a personas que no nos gustaban. Y todo consistía en «el yo» y «lo mío». Todo nuestro sistema económico se basaba en una mentalidad de casino: de todos estos supuestos derivados de los 2,9 billones de dólares que circulan en los mercados del mundo, menos del 2 por ciento iba a ofrecer en realidad algún tipo de beneficio para la sociedad. Menos del 2 por ciento de los 2,9 billones de dólares, todos los días.*

Tu verdadero yo nunca considerará la acumulación de dinero como un fin, sino como un subproducto de algo más grande, como una consecuencia de seguir tu corazón. Tu corazón está más preocupado por tener abundancia que dinero en tu vida: abundancia de realización, de amor y alegría.

En *Las siete leyes espirituales del éxito*, Deepak Chopra escribe: «El éxito tiene muchos aspectos, la riqueza material es sólo un componente... El éxito también incluye una buena salud, energía y entusiasmo por la vida, relaciones satisfactorias, libertad creativa, estabilidad emocional y psicológica, una sensación de bienestar y de paz mental».

 PAULO COELHO

> *¿Qué es el éxito? ¿El éxito es el dinero y la fama? No. El éxito es ir a la cama por la noche y decir: «Dios mío, puedo dormir en paz».*

> *Enfoca tu corazón, tu mente y tu alma hasta en tus más pequeños actos. Este es el secreto del éxito.*
>
> —SWAMI SIVANANDA

RUEDIGER SCHACHE

Desde el punto de vista de tu corazón o de tu alma, el dinero es sólo una cosa necesaria para algunas de las experiencias que deseas tener en tu vida. Tu corazón no está interesado en el dinero. Tu corazón no puede lidiar con el dinero. Pero a veces, el dinero te ayuda a seguir tu camino y es por eso que el dinero es un factor importante, pero no el más importante.

Sólo cuando tus acciones no son impulsadas por el dinero sino por el placer, la satisfacción, la armonía y el deseo de contribuir al bien común recibirán el apoyo del universo. Entonces estarás obrando desde tu corazón.

GARY ZUKAV

Si quieres tener más dinero (o si quieres tener otro trabajo) para poder dar los regalos que naciste para dar, esa no es la búsqueda del poder exterior.

Los valores internos como la amistad, la confianza, la honestidad y la compasión son mucho más confiables que el dinero: siempre traen felicidad y fortaleza.

—DALAI LAMA

ECKHART TOLLE

Si ganar dinero se convierte en tu objetivo principal, debes saber que no estás conectado con la dimensión más profunda de ti que llamamos corazón. Así que ganar dinero como un objetivo no es una manera eficaz de vivir. Descubrirás, incluso si alcanzas tu meta y ganas mucho dinero, que en última instancia conduce a la frustración y a la infelicidad. Esto no quiere decir que el dinero no sea inherentemente espiritual. Ese no es el caso. A menudo sucede que cuando tus acciones se empoderan y contribuyen a algo vital para este mundo, entonces la abundancia de alguna forma —y puede ser en forma de dinero— a veces llega. Debido a que existe una producción enorme de energía en este mundo a través de ti, el mundo te regresa algo.

Cuando combinas el entusiasmo personal con el deseo de crear excelencia, tus acciones son notadas y apreciadas. La recompensa sigue de forma espontánea y a veces en abundancia. Y como estás viviendo tu mejor vida, hay una buena probabilidad de que el dinero siga también, ya sea antes o después, aunque sin garantías en cuanto a la cantidad.

PAULO COELHO

Tu corazón tiene una manera muy eficaz de decirte si estás en un buen camino o no. Se llama entusiasmo. El entusiasmo viene de la palabra griega que tiene a teos *(de teología) en su raíz. El entusiasmo es la manifestación de Dios en tu corazón. Así que desde el momento en que te sientes entusiasmado con todo —aunque esto no encaje en tu mundo lógico— sabes que estás siguiendo tu corazón. Y desde el momento en que sigues a tu corazón, tu vida está llena de maravillas. Y miras alrededor y dices: «Dios mío, me estoy divirtiendo».*

Sólo puedes llegar a destacar verdaderamente en algo que amas. No hagas del dinero tu meta. En cambio, persigue las cosas que te gusta hacer y hazlas tan bien que la gente no pueda quitarte los ojos de encima.

—MAYA ANGELOU

 ## PAULO COELHO

En mi caso, por ejemplo, cuando empecé a escribir, nunca pensé que me iba a ganar la vida escribiendo. Yo escribía porque quería hacerlo, no tenía otra opción. Al final, no sólo gané dinero con la escritura, sino que hice mucho dinero. Y todo el mundo dice: «Si Paulo Coelho puede hacerlo, nosotros también podemos hacerlo».

Cuando permaneces conectado con el presente, puedes sentir la realización y la abundancia.

 ## ECKHART TOLLE

La plenitud de la vida, la llamó Jesús. No estaba hablando de la abundancia de bienes y cosas. En un nivel más profundo, la abundancia no se trata de eso. La abundancia es inherentemente una con el corazón en ti, porque es la abundancia de la vida misma, el principio creador en sí, la creatividad, la fuente, la vitalidad dentro de ti.

Es posible que recibas muchas cosas materiales, pero no las necesitas para tu realización. Lo más importante es hacer algo que esté cerca de tu corazón, que haga que tu corazón lata más rápido. Lo más probable es que al hacerlo, te sientas realizado y recompensado, y cosecharás recompensas tangibles.

DEEPAK CHOPRA

La felicidad y el éxito son la realización progresiva de metas dignas. La felicidad es también la capacidad de amar y de tener compasión. La felicidad es un sentimiento de conexión con el misterio creador del universo que llamamos Dios.

Sir Richard Branson, el fundador de Virgin Group, ha dicho que: «Si piensas "¿Cómo puedo ganar mucho dinero? Traigamos contadores, trabajemos en los planes de negocio", las cosas ocurrirán justamente al revés. Tienes un grupo de contadores que dirán: "Sí, puedes ganar mucho dinero" y otro grupo de contadores que tiene exactamente la misma información dirá: "Perderás mucho dinero". Tiene que salir de tu corazón, y tienes que hacer algo que te apasione, algo que vaya a ser tu afición, y es probable entonces que tengas éxito».

PAULO COELHO

Creo que es muy importante pensar primero «cumple tu sueño» y luego «podrías ganar dinero». Y si el dinero no llega, aún tienes una vida llena de alegría, llena de diversión. Y, por último, cuando llegue el dinero, serás responsable de que haya llegado y te mostrarás como ejemplo. Porque la vida no cambia con opiniones, cambia con ejemplos.

Deepak Chopra *(derecha)*

Cumple tus sueños escuchando a tu corazón. Recuerda: los sueños no tienen fecha límite. Haz lo que puedas y ten en cuenta que cuando las cosas parecen ir mal es por una razón: los planes cósmicos abarcan mucho más de lo que puedes imaginar. Siempre y cuando tu intención se origine realmente en el alma, el universo te brindará todo el apoyo en todo lo que hagas, y el dinero y otras formas de abundancia también llegarán.

La falta de dinero sólo te molestará si estás desconectado de tu alma. Restaura esa conexión y la abundancia del universo fluirá de nuevo en tu camino. Cuando estés verdaderamente convertido al poder del corazón, terminarás brillando en una obra teatral única, dirigida por el universo.

 ## DEEPAK CHOPRA

Para salir de este lío, pregúntate: «¿Cuáles son mis habilidades únicas? ¿Cómo puedo servir a la humanidad?». Haz algo de vez en cuando que no se trate de ti. Haz algo de vez en cuando que no se trate de negocios, y verás que los negocios también mejorarán. ¿Quieres dejar de sufrir? Construye una economía real; esta economía real es la economía que proviene de tu corazón.

Si reemplazas el dinero con el poder del corazón como tu medida de éxito, perseguirás tu pasión y tu verdadera vocación. Tendrás menos estrés y tensión, un mejor equilibrio entre vida y trabajo y más tiempo para tu compañero de vida, familiares y amigos. Cuando mires hacia atrás en tu vida, tendrás una larga lista de aspectos destacados y ningún arrepentimiento.

ECKHART TOLLE

Y cuando actúas basado en eso y dejas de buscar la realización a través de tus acciones, simplemente estarás disfrutando de la acción. Y eso significa empoderamiento. Y cuando este es el caso, después de un tiempo, puede ocurrir fácilmente que de repente te llenes de abundancia material. Pero ya no la necesitas.

Una economía del corazón

Las personas primero, luego el dinero y después las cosas.

—SUZE ORMAN

En su discurso ante la Academia de Logros, una organización sin fines de lucro en Washington, D.C., que invita a personas prominentes de todo el mundo para inspirar a jóvenes empresarios, el director de cine Steven Spielberg dijo: «Cuando tienes un sueño, casi nunca viene y te grita en la cara: "Esto es lo que eres, esto es lo que debes ser por el resto de tu vida". A veces, un sueño es casi un susurro. Siempre les digo a mis hijos: "Sus instintos, su intuición humana son lo más difícil de escuchar, siempre les susurra. Nunca les grita. Es muy difícil de escuchar. Así que cada día de sus vidas, estén dispuestos a escuchar lo que les susurre al oído. Casi nunca grita. Si pueden escuchar el susurro, si les hace cosquillas en sus corazones, y es algo que ustedes creen que quieren hacer por el resto de sus vidas, entonces será eso lo que harán por el resto de sus vidas. Y nos beneficiaremos de todo lo que ustedes hagan"».

Todo el mundo tiene un propósito en la vida... un regalo único, un talento especial para dar a otros. Y cuando mezclamos este talento único con el servicio a los demás, experimentamos el éxtasis y el júbilo de nuestro propio espíritu, que es el objetivo final de todos los objetivos.

—DEEPAK CHOPRA, *LAS SIETE LEYES ESPIRITUALES DEL ÉXITO*

 ## PAULO COELHO

Puedes encontrar lo que se supone que debes hacer con tu vida si realmente escuchas a tu corazón.

Independientemente de que estés o no en el camino correcto, no es una pregunta que tu mente pueda responder por ti. Tal vez tengas un trabajo con el que otros sólo pueden soñar, y sientes, sin embargo, que estás en el lugar equivocado, en contradicción con la cultura o los valores de tu empresa. Simplemente sientes que estás yendo por el camino profesional equivocado.

 ## GARY ZUKAV

Todos nos preguntamos: «¿A qué vine a este mundo? ¿Cuál es mi misión en la vida?». Estamos buscando un propósito, pero el propósito nos encontrará cuando abramos nuestros corazones.

Si esta sensación y estas preguntas son parte de tu vida, tu corazón está hablando contigo y tratando de ayudarte a encontrar el camino adecuado. Esta es la razón por la que el camino equivocado a menudo te ayudará a encontrar el correcto. Cuando tu corazón te habla, te revela las coordenadas del camino que realmente te conviene, un camino que conduce a tu lugar en el panorama más amplio.

 HOWARD MARTIN

Cuando abres tu corazón, tienes acceso a mucho más que a la in-
teligencia lógica normal. Tienes acceso a cosas como tu intuición.
Tienes acceso a otro nuevo nivel de sensibilidad y de capacidad de
discriminar entre las cosas, y verlas con mayor claridad.

A veces, tu corazón te pedirá que encuentres la satisfacción fuera de tu entorno de trabajo. Cuando era un joven empleado en la Oficina de Patentes de Suiza, Albert Einstein tenía que esperar hasta después del trabajo para dedicarse a su verdadera pasión, la física. Sólo más tarde lo haría profesionalmente. Tan racional y razonable como era, Einstein describió una vez el sentido común como «una colección de prejuicios adquiridos a los dieciocho años».

> *La imaginación es más importante que el conocimiento porque*
> *este define todo lo que conocemos y entendemos. La*
> *imaginación apunta hacia lo que podríamos descubrir y crear.*
>
> —ALBERT EINSTEIN

En *El libro del despertar*, el poeta y autor de libros autobiográficos Mark Nepo escribe acerca de su lucha cuando era adolescente y sus padres querían que estudiara lo que habían elegido para él: su madre quería que fuera abogado, y su padre, arquitecto. Pero Nepo quería —o más bien necesitaba— ser poeta porque «algo en ello me daba vida».

Nepo cita a un místico: «Un pez no puede ahogarse en el agua. Un ave no se cae del aire. Cada criatura que Dios creó debe vivir en su naturaleza verdadera».

Cada uno de nosotros debe encontrar el verdadero elemento en el cual vivir, es decir, nuestro verdadero ser y llamado.

Parte de la bendición y el desafío de ser humanos es que debemos descubrir la verdadera naturaleza dada a cada uno por Dios... una necesidad interior. Porque sólo viviendo en nuestro propio elemento podremos prosperar sin ansiedad. Y puesto que los seres humanos son la única forma de vida que puede ahogarse y seguir yendo a trabajar, la única especie que puede caer del cielo y seguir doblando ropa, es imperativo que encontremos ese elemento vital que nos da vida... la verdadera vitalidad que espera debajo de todas las ocupaciones para que las aprovechemos, si podemos descubrir lo que amamos. Si sientes energía, emoción y la sensación de que la vida sucede por primera vez, probablemente estés cerca de la naturaleza que Dios te dio. La alegría en lo que hacemos no es una característica adicional; es un signo de profunda salud.

—MARK NEPO, *EL LIBRO DEL DESPERTAR*

El universo quiere que hagas lo que debes de hacer. Cada persona tiene una misión: hacer aquello en lo que sobresale *y* obtener placer de ello. Esa misión varía de una persona a otra y puede incluir cualquier cosa, desde la enseñanza a niños con problemas de aprendizaje, el cuidado de las personas mayores, los servicios públicos hasta la dirección de una corporación multinacional. Todos tenemos una misión que estamos destinados a descubrir.

MICHAEL BECKWITH

Cada uno de nosotros llega a esta vida con regalos. Regalos del alma. Regalos que sólo nosotros podemos dar, ya que somos expresiones únicas de lo infinito. A medida que empecemos a escuchar al corazón, y no a la charla de la sociedad ni al ruido del mundo, podremos desplegar nuestros dones. Tenemos la oportunidad de hacer lo que estábamos llamados a hacer.

RUEDIGER SCHACHE

¿Por qué nuestro propósito en la vida se hace claro cuando activamos nuestro corazón o nos conectamos con él? Es porque aquí, en esta área de tu corazón, hay una puerta: la puerta a tu alma. Y si escuchas lo que llega a través de esa puerta, seguirás automáticamente cada vez más el camino de tu alma. Y si sigues el camino de tu alma, tu propósito en la vida será totalmente claro.

Para entender mejor tu misión, tal vez tengas que hacerte una serie de preguntas. Las respuestas a estas preguntas te conducirán a una mejor comprensión de tu verdadero yo.

DEEPAK CHOPRA

Haz cualquier pregunta a tu corazón. ¿Quién soy yo? ¿Qué quiero? ¿Cuál es mi propósito en la vida? ¿Quiénes son mis héroes y heroínas en la historia, la mitología y la religión? ¿Qué cualidades busco en un amigo de verdad? ¿Con qué cualidades contribuyo en

una buena relación? ¿Cuáles son mis habilidades y talentos únicos?
¿Cómo puedo utilizarlos para servir a la humanidad?

Destina un momento a responder las preguntas de Deepak. Escribe las respuestas para que puedas volver más tarde a ellas.

Cuando sigues la ruta que tu sistema de navegación interior ha trazado para ti, es posible que te encuentres dando un giro profesional que no tiene sentido racional, un giro que te llevará por caminos oscuros llenos de baches. Sin embargo, sabes que tienes que recorrerlo. Tu corazón deja en claro que no tienes ninguna otra opción. No te preocupes por lo que piensen los demás, sólo escucha con atención tu voz interior. Cuando haces lo que naciste para hacer, tu destino será claro. Cuando haces lo que naciste para hacer, no te sentirás debilitado sino lleno de energía.

> *Siempre fui una persona rica porque el dinero*
> *no está relacionado con la felicidad.*
>
> —PAULO COELHO

 MARIANNE WILLIAMSON

Está viniendo de algún lugar de muy adentro: el espíritu humano.
Y está diciendo: «Sigue por ese camino y tu corazón te guiará».

Encontrarás lo que estás haciendo al escuchar a tu corazón. Cuando hayas logrado tu misión, lo sabrás por el infinito placer que te dará.

CONTEMPLACIÓN

Tu llamado

Para entender mejor tu misión, hazte las siguientes preguntas:

- ¿Quién soy?
- ¿Qué es lo que quiero?
- ¿Cuál es mi verdadero elemento?
- ¿Hacia qué deseos y acciones me guía el corazón?
- ¿Cuál es el propósito de mi vida?
- ¿Quiénes son mis héroes/heroínas en la historia, de ficción y leyenda o en la religión? ¿Qué es lo que más admiro de ellos?
- ¿Cuáles son mis habilidades y talentos únicos?
- ¿Cómo puedo usar estas habilidades y talentos únicos para un propósito mayor?

Sé lo suficientemente valiente para seguir la ruta que tu corazón y tu alma tracen para ti, aunque te parezca inusual o genere oposición en los demás. Ten en cuenta que, al hacer aquello para lo que naciste, tu destino se revelará, aunque tome un tiempo.

Para ayudarte, puedes repetir la oración «Transfórmame», de Tosha Silver:

Transfórmame, Amado Ser Divino, en Aquel que despierta y recuerda por completo quien soy en verdad: todo lo que encuentro... Permíteme recibir tu plan Divino y hacer uso de esta vida para el bien mayor. Déjame vivir en servicio Divino... Transfórmame, Amado Ser Divino, ¡en aquel que sabe cómo diablos hacer esto!

12. El corazón de la salud

*El corazón es el instrumento de mil cuerdas
que sólo puedes sintonizar con amor.*

—HAFIZ

Conectarte con tu corazón es importante para tu salud física, emocional y espiritual. Los latidos de tu corazón y tu estado emocional están relacionados. Cuando experimentas emociones negativas como el miedo, la ira o la frustración, los latidos de tu corazón se agitan y son irregulares. Cuando experimentas emociones positivas como el amor, la felicidad o el reconocimiento, los latidos de tu corazón son más tranquilos y más suaves.

 DEEPAK CHOPRA

En otras palabras, tu corazón es estructuralmente diferente en diferentes estados de conciencia. Si estás viviendo en el miedo,

143

la estructura del corazón es muy diferente que si estás viviendo en el amor, la compasión, la misericordia o la ecuanimidad.

Las investigaciones científicas han demostrado que cuando el ritmo de tu corazón es tranquilo y coherente, tu cuerpo está mejor equilibrado, lo que a su vez mejora tu salud y bienestar.

 ## HOWARD MARTIN

Es obvio que las emociones asociadas con el corazón son saludables para nosotros. Son las que regeneran. Ha habido una gran cantidad de estudios sobre el efecto de las emociones negativas, como por ejemplo, la ira y otras similares. No son buenas para nosotros. Los estudios que hemos hecho en asuntos como el cuidado, muestran que hay un efecto regenerador cuando tenemos un mayor número de emociones relacionadas con el corazón. El cuidado, el aprecio y el amor son emociones que nos regeneran. Son buenas para nuestra salud. Crean cambios hormonales en nuestro cuerpo que duran mucho tiempo. El corazón tiene una gran influencia sobre el cuerpo, más allá del simple hecho de bombear sangre. Influye en el funcionamiento cerebral, en la liberación de hormonas y en las respuestas del sistema inmunológico. Todos los principales sistemas del cuerpo son influenciados por el corazón.

No sólo es tu salud de una importancia crucial para tu corazón, sino que tu corazón es de una importancia crucial para tu salud. Tan pronto como te conectas con él y experimentas todas las emociones positivas que te brinda, tu salud mejora.

DEAN SHROCK

Sentirse amado y cuidado, sentirse escuchado y comprendido es en realidad la clave para la salud.

MARCI SHIMOFF

Hay algunos maravillosos beneficios marginales de experimentar más amor. Cuando sientes más amor, tienes mejor salud y vives más tiempo. En promedio, las personas que son más felices o que experimentan más amor viven nueve años más. Eres más creativo, tienes mayor capacidad cerebral. Eres más exitoso. Tienes mejores relaciones. Eres un mejor padre y atraes más amor. Por lo tanto, todos los aspectos de tu vida se ven afectados por tu experiencia de vivir rodeado de más amor.

Sin embargo, cuando no eres completamente feliz contigo mismo, tu salud sufre inevitablemente las consecuencias. De hecho, el estrés proveniente de la irritación, la ira o la frustración, aumenta el riesgo de desarrollar enfermedades cardiovasculares. Las emociones negativas afectan gravemente tu salud, debilitan tu sistema inmunológico y te hacen más susceptible a enfermedades.

HOWARD MARTIN

Aquí en el Instituto HeartMath se hizo un experimento pequeño e interesante con un niño y un perro. El nombre del perro era Mabel, un viejo, dulce y maravilloso Labrador Retriever que tenía una relación con Josh, el hijo de Rollin McCraty, director de Investigación de HeartMath. McCraty puso monitores cardíacos a Josh y a Mabel para medir los cambios en sus ritmos cardíacos y ver si eran coherentes o incoherentes. Cuando los unió, sus ritmos cardíacos fueron coherentes al mismo tiempo y se sincronizaron entre sí. El amor intercambiado por sistemas vivos, por seres vivos, produce cambios en nuestros ritmos cardíacos que influyen en la manera como funcionamos.

Dos corazones diferentes en realidad pueden latir como uno. Un latido coherente del corazón es un ritmo cardíaco saludable.

Generar emociones positivas es el mejor método de deshacernos del estrés. Tu corazón juega un papel destacado en esto porque es una fuente inagotable de emociones muy positivas.

 DEAN SHROCK

He visto en mi trabajo que cuando las personas se sienten más libres para ser ellas mismas, para hacer lo que realmente les brinda mayor tranquilidad, esto se registra literalmente en sus cuerpos de una manera que las hace más saludables. Lo veo con tanta frecuencia en mi trabajo con el cáncer, específicamente donde la gente realmente reorienta sus vidas a lo más importante para ellas y asume después la responsabilidad personal para asegurarse de hacer cosas que les den alegría diariamente. Asegúrate también de prestar atención a lo que comes, lo que llevas a tu cuerpo, y de mantener tu cuerpo en forma.

Dean Shrock (*derecha*)

Al restablecer la comunicación con tu corazón y centrarte en las intenciones de tu alma, puedes restaurar ese equilibrio y ser más saludable.

 ## JOE DISPENZA

Esas emociones elevadas comienzan a generar energía en el corazón. El corazón comienza a obtener una señal muy fuerte y nuestro campo comienza a expandirse. Nos volvemos menos materiales, más enérgicos y nos sentimos conectados con algo más grande. Es un momento en el que no tratamos ya de controlar el resultado ni vivimos bajo las hormonas del estrés.

Deepak enseña esta simple contemplación que puede ayudar a tu corazón:

 ## DEEPAK CHOPRA

«Contemplación» significa que tienes la idea en tu conciencia mientras prestas atención a tu corazón. Cuando pones tu atención en el corazón e incluso piensas en estas palabras, reflexionas sobre la alegría, la paz, la felicidad y la compasión. Ya sea en la paz, la armonía, la risa, el amor, la alegría, la compasión o en la bondad, tu corazón será entonces estructuralmente diferente. Cambiará.

Vale la pena recordar que las emociones son más rápidas y mucho más potentes que los pensamientos, lo que significa que las emociones positivas tienen un impacto mucho mayor que los pensamientos positivos. No importa cuánto trates de levantar tu ánimo al pensar en cosas positivas, tus pensamientos serán finalmente superados por tus emociones. Los pensamientos positivos son útiles, pero los impulsos positivos de tu corazón harán mucho más para mejorar tu salud.

 ROLLIN McCRATY

A medida que aprendemos a conectarnos con la inteligencia de nuestro corazón, aumenta nuestra vitalidad, nuestra resiliencia y, sobre todo, nuestra salud y felicidad. En mi opinión, las personas que se sienten deprimidas están muy separadas de lo que llamamos inteligencia del corazón. Porque es realmente la inteligencia del corazón la que crea las experiencias y sentimientos más positivos en nuestra vida. Así que si optamos por no seguirla, la inteligencia del corazón se retirará y eso conduce a la depresión.

Cuando estás asustado, enojado o frustrado, tu cuerpo produce menos hormonas de la «vitalidad» y más hormonas asociadas con el estrés. Si en tu vida hay mucho estrés y decides ignorar sus causas y efectos, encontrarás que es difícil conectar con tu corazón y será difícil generar emociones positivas que puedan ayudarte a deshacerte del estrés.

Pero cuando te conectas con el corazón, a través del poder del amor, la coherencia del corazón tiene lugar, liberando estrés. Como resultado, una hormona llamada DHEA es producida por tu cuerpo. Esta hormona nos ayuda a mantenernos jóvenes. Como Howard Martin señala, esta hormona de la vitalidad es generalmente conocida como hormona antienvejecimiento.

 ECKHART TOLLE

Debes estar atento a las señales de estrés que surjan. Es una señal de que has perdido conexión con el corazón porque todo el tiempo que estés conectado con el corazón habrá poder, pero no estrés. Habrá alegría y eficacia, y nada de ansiedad.

Un corazón amoroso en un cuerpo amoroso produce más DHEAs (hormonas de la vitalidad) y menos hormonas del estrés. También produce importantes refuerzos inmunológicos que protegen contra las infecciones. Y cuando abres tu corazón, aprovechas las emociones positivas que influyen positivamente en tu estado de ánimo, así como en tu cuerpo.

Finalmente, y quizá de mayor importancia, tu corazón también afecta a los demás. El Instituto HeartMath descubrió que el corazón tiene un campo electromagnético a su alrededor que es 5.000 veces más potente que el campo electromagnético alrededor del cerebro. De hecho, comprobaron que el campo del corazón se extiende de ocho a diez pies fuera de nuestros cuerpos. Este campo comunica la energía de nuestras emociones. También siente y envía la energía del amor.

 MARCI SHIMOFF

Tu corazón transmite una información emocional que las personas que te rodean pueden sentir y notar. De hecho, los latidos de tu corazón afectan los latidos del corazón de las personas que te rodean.

Puedes nutrirte del amor y del afecto de los demás, sobre todo en momentos en que tienes problemas para generar emociones positivas. Tan pronto como sientas una conexión con los demás, tu estado de ánimo puede mejorar.

DEEPAK CHOPRA

Cuanto más sentimos una sensación de conexión con los seres sensibles y con la vida en el planeta como parte del ecosistema, más saludable será tu corazón. De hecho, actualmente hay estudios que indican que el factor de riesgo número uno de muerte prematura por enfermedad cardiovascular es la hostilidad y el resentimiento, lo que se conoce como «desconfianza cínica».

DEAN SHROCK

Una de las cosas que me fascinó y me sorprendió en mi trabajo como Director de Medicina Mente-Cuerpo para los centros [de tratamiento de cáncer] fue la comprensión de que mientras estábamos animando a personas a que desarrollaran una voluntad de vivir, a ellas les parecía que era demasiado egoísta. Creían que todo el mundo y todos lo demás debían estar primero. Y así, cuando escribí mi investigación —pues mis pacientes estaban viviendo más tiempo— tuve que concluir que no era la voluntad de vivir, sino que se sentían amados y cuidados. Eso hizo la diferencia. Cuando les pregunté a estos pacientes, mientras pasaba de un centro a otro «¿Qué te ayudó y qué no?», lo que me sorprendió por completo no fue alguna habilidad para lidiar con su enfermedad que les hubiera enseñado yo, sino que me dijeran que era que yo los escuchaba, me interesaba por ellos y era sincero. La investigación del Dr. James Lynch, así como la del Dr. Dean Ornish, también fueron muy claras con respecto a que sentirse escuchado, comprendido, amado y cuidado conducían literalmente a una mejoría de las enfermedades cardíacas.

El cocreador Rollin McCraty cuenta una historia de gemelos recién nacidos para ilustrar nuestra conexión energética con los demás. Poco después de su nacimiento en 1995, dos gemelas fueron puestas en incubadoras separadas, un procedimiento normal en esa época. El ritmo cardíaco de una bebé era irregular, y estaba agitada y llorando, incapaz de calmarse o consolarse. Una enfermera decidió poner a ambas en una misma incubadora. La bebé más tranquila pasó instintivamente el brazo alrededor de su hermana, quien mejoró casi al instante: dejó de llorar, y los latidos del corazón y su respiración se estabilizaron.

 ## HOWARD MARTIN

Lo que nos trae de vuelta al equilibrio, lo que realmente nos cura, es el magnífico y hermoso poder producido por la inteligencia del corazón. Nunca desaparece, siempre está ahí. A veces nos alejamos, pero podemos volver a ella. Y cuando lo hacemos, puede ayudar a superar estos sentimientos de tristeza, depresión, de corazón destrozado.

El poder de tu corazón es el amor: amor a ti mismo y por los demás. El amor es la vía rápida para una mente sana en un cuerpo sano.

La salud no sólo consiste en estar bien, sino en usar bien todos los poderes que tenemos.

—FLORENCE NIGHTINGALE

CONTEMPLACIÓN

Corazón de amor

Pon tu atención en tu corazón y piensa en estas palabras: Corazón. Amor. Alegría. Paz. Felicidad. Compasión. Bondad amorosa.

Cualquiera que sea la idea que tengas —paz, armonía, risa, amor, alegría, compasión, bondad—, esta cambia la energía de tu corazón. Esta idea cambia el corazón en un latido rítmico, energético, coherente y saludable.

Ahora que lo sabes, pon tu atención de nuevo en tu corazón y trata de practicar la contemplación. Mantén la idea del amor, la bondad, la compasión, la paz mental y la alegría en tu conciencia, en tu corazón. Mantén cada idea como si estuvieras plantando una semilla. Esta florecerá y crecerá en el fruto de esa idea. Alimentará tu corazón, tus emociones y tu cuerpo.

13. El amor y las relaciones

El amor es lo que somos en esencia, y cuanto más amor sentimos en nuestros corazones, más amor recibiremos.

—DEEPAK CHOPRA

La energía básica del Universo es el amor. La energía del amor está a tu alrededor y dentro de ti.

 DEAN SHROCK

Todo es energía. Y la esencia fundamental del universo es una energía de amor o de completa armonía y orden. Así, cada vez que experimentas amor, estás permitiendo literalmente el flujo de esa energía vital. Te recuerda el núcleo de lo que eres como energía. Y alinea de nuevo las moléculas de tu cuerpo para que funcionen de una manera más armoniosa.

MARCI SHIMOFF

El amor es como una emisora de radio que siempre está transmitiendo. Nuestra labor consiste simplemente en sintonizar esa estación de radio. Imagina que estás en sintonía con Amor FM. Cuando la sintonizas, será la frecuencia en la que pasarás más y más tiempo.

Lo que pasamos por alto es la verdad de que el amor es lo que somos, que somos realmente un océano de amor. Cuando somos más conscientes de ese hecho y nos sentimos conectados realmente con ese océano de amor en nuestro interior, entonces, en lugar de ser mendigos de amor que van con pequeñas tazas esperando que otras personas las llenen de amor, nos convertimos en filántropos de amor. Estamos naturalmente desbordados en ese amor. No es un esfuerzo darlo porque sabemos que es lo que somos.

Marci Shimoff, reconocida experta en temas como el amor, la felicidad y el éxito, ha encontrado en su investigación que el amor tiene cuatro etapas principales. La etapa inferior se llama «Sin amor», que es lo que experimentamos cuando sentimos dolor o miedo, o cuando estamos tristes y desconectados del amor.

La etapa que le sigue hacia arriba se llama «Amor por una mala razón», que Shimoff describe como «básicamente Sin amor con analgésicos». En ella tratamos de llenar un vacío que sentimos adentro. Por lo general, hacemos esto mediante el uso de cosas que no son de apoyo o que simplemente son dañinas para nosotros —malas relaciones, drogas o alcohol, comida— para compensar el hecho de que no sentimos amor dentro.

La etapa que le sigue es «Amor por una buena razón», que es la recepción de amor en el contexto de una relación, o lo obtenemos de algo que está fuera de nosotros mismos.

¿Y cuál es la última etapa del amor?

 ## MARCI SHIMOFF

No hay nada de malo en tener relaciones maravillosas y amorosas, o en amar el trabajo que estamos haciendo y sentirnos realizados por eso. Pero si basamos nuestra experiencia de amor en ese factor externo, entonces podría desaparecer. No es una base sólida para el amor. Entonces, mientras el Amor por una buena razón es una cosa maravillosa, no es el último estado del amor.

> El amor no necesita de la razón. Habla
> desde la sabiduría irracional del corazón.
> —DEEPAK CHOPRA, *EL CAMINO DEL AMOR*

 ## MARCI SHIMOFF

El último estado del amor es lo que llamo «Amor sin razón». El Amor sin razón es un estado interior de amor que no depende de una persona o situación ni de una pareja romántica específica. Cuando sentimos ese amor, en lugar de buscar fuera de nosotros mismos para tratar de extraer el amor de nuestras circunstancias, podemos llevarlo a nuestras circunstancias. Cuando estás en un estado de Amor sin razón, sientes libertad. Sientes crecimiento. Sientes paz. Sientes alegría. Amas porque sí. No necesitas una razón para amar.

Shimoff cita a Emmett Fox, líder del Nuevo Pensamiento, sobre el poder del amor: «No hay dificultad que el amor no pueda conquistar... Si tan sólo pudieras amar lo suficiente, serías el ser más feliz y más poderoso del Universo».

Tu tarea no es buscar amor, sino limitarte a buscar y a encontrar todas las barreras dentro de ti que has construido contra él.

—RUMI

Al igual que muchas personas, Linda Francis llevaba varios años buscando a la «persona adecuada», sin embargo, no podía lograr que una sola relación funcionara. Pero su suerte cambió para bien cuando estuvo lista para decirse: «De ahora en adelante voy a ser la persona adecuada para mí».

LINDA FRANCIS

Y cuando me convertí en la persona adecuada, no me importó tener una relación o no. No me preocupé por eso. Lo que me preocupa es seguir creando el Poder Auténtico en mi vida.

Francis decidió detener la búsqueda de «el adecuado» y centrarse en cambio en la relación con su alma. Examinó los deseos de su alma y se preguntó quién era en realidad, lo que realmente quería en la vida y lo que el universo quería de ella. Logró reconocer que, en sus relaciones anteriores, nunca se había sentido lo bastante valiosa para la otra persona. Sólo después de encontrar una manera de ser ella misma, completa consigo misma, Gary Zukav, su actual pareja, se cruzó en su camino.

DEEPAK CHOPRA

Si quieres tener una relación significativa, deja de buscar a la persona adecuada. Lo repetiré: si quieres tener una relación significativa, deja de buscar a la persona adecuada, pero conviértete en la persona adecuada.

Al convertirte en la persona adecuada, tu verdadero yo, aprendes a ver el amor desde una perspectiva más amplia. Terminas cambiando el énfasis de una búsqueda a menudo ansiosa por alguien, y pasas a nutrir y a mantener tu propia alma.

MARCI SHIMOFF

Comienzas a convertirte en un amigo de ti mismo. Te conviertes en tu propio apoyo amoroso. Y esa es una manera poderosa de empezar a construir una relación: contigo mismo, de confianza y amor.

Cuando eres feliz contigo mismo, atraes automáticamente a la persona que se identifica con tu estado de conciencia pacífico y seguro.

JOHN GRAY

Muchas veces, la gente está buscando a su pareja, a su pareja ideal, a su alma gemela, y dice que no pueden encontrarla. Están buscando y buscando y no pueden encontrarla. Bueno, si tu alma gemela no está llamando a tu puerta, es porque no estás listo. No es que no estés buscando lo suficiente. Tenemos que prepararnos para que eso suceda en nuestras vidas. Y la preparación para encontrar a la persona adecuada en tu vida, la conexión con ella, es ser la persona adecuada.

Buscar a la «persona adecuada» puede convertirse a veces en una búsqueda para llenar un vacío. Pero antes de poder construir una relación significativa con alguien, debes ser capaz de aceptarte. En palabras escritas por Deepak Chopra: «En nuestra imaginación, creemos que el amor está lejos de nosotros. En realidad, no hay nada más que amor una vez que estamos dispuestos a aceptarlo. Cuando realmente encuentras el amor, te encuentras a ti mismo».

La falta de confianza en ti mismo puede socavar tu capacidad de amar a otra persona en igualdad de condiciones. Si tienes dificultades para amar y aceptarte, estás diciendo al universo que no eres digno del amor que mereces.

No confío en las personas que no se aman a sí mismas y aún así me dicen «Te amo». Hay un proverbio africano que reza: "Ten cuidado de cuando una persona desnuda te ofrece una camisa".

—MAYA ANGELOU

JOHN GRAY

Si quieres encontrar a alguien que pueda amarte y conocerte plenamente, tienes que conocerte y amarte a ti mismo. Y el amor propio es la base para que cualquier relación funcione, aun si esa relación es la preparación para la búsqueda de un alma gemela.

John Gray (derecha)

El primer paso para la autoaceptación es la intención de dar amor. Puedes dar amor ayudando a los demás y siguiendo tu propio corazón. A medida que persigues tu sueño, adquieres habilidades y comprensión, lo que aumenta tu competencia y confianza en ti mismo. Demuestras lo mucho que tienes a tu favor, y que tarde o temprano será recogido por alguien cuyos valores y metas corresponden o complementen los tuyos.

 ## PAULO COELHO

Simplemente trata de amar y manifiéstalo. Cuando tu corazón está abierto, hay una energía de amor que fluye hacia adentro, lo llena todo y de alguna manera se transmuta en acciones. Entonces ves que tu vida está cambiando. Y te preguntas: «¿Pero por qué? No hice nada. No aprendí nada nuevo». Aprendiste, pero no en el nivel consciente. Se debe a que tu corazón está abierto.

Acéptate. Decide apreciar plenamente todo lo que es bueno dentro de ti. Acepta tus imperfecciones y adopta las siguientes prácticas:

- Crea la intención de confiar en tu corazón de manera implícita.
- Agradece que eres quien eres. Aprecia tus fortalezas y talentos.
- Desarrolla tus habilidades y talentos, de ellos vendrán la autoconfianza y la felicidad. Si tienes una sensibilidad real para hacer o fabricar algo, búscalo, trabaja en ello y mejóralo.
- Sé amable contigo mismo. Convierte en un hábito el hecho de articular pensamientos positivos acerca de ti mismo, de modo que todo

lo que hagas sea apoyado por el universo. Deja de decir cosas negativas sobre ti.

- Todos los días, haz algo bueno por alguien más.
- Procura no preocuparte demasiado. Preocuparse rara vez resuelve los problemas. Simplemente te aleja de la magia que la vida te ofrece. Si eres propenso a preocuparte, vuélvete activo físicamente. Camina. Ejercítate. Haz yoga. Mover el cuerpo ayuda a despejar la mente.
- Sé honesto con respecto a tus sentimientos. Si estás triste, reconoce tu tristeza y no la ocultes. Pregunta a tu corazón qué te recomienda hacer para lidiar con ella.
- Tómate un descanso de vez en cuando. Reserva tiempo para cuidar de tu cuerpo y de tu alma.
- Estás destinado a ser feliz. Disfruta de todo lo que hagas. No te tomes la vida ni a ti demasiado en serio. Practica la gratitud.

Simplemente no podemos preocuparnos por nosotros mismos.

—PAPA FRANCISCO

 ## DEEPAK CHOPRA

Las personas que amamos y las que nos desagradan son reflejos de nuestro propio ser. Nos enamoramos de personas en las que encontramos rasgos que nos gustan. Y nos desagradan las personas en las que encontramos rasgos que negamos en nosotros mismos. Si quieres tener éxito en una relación, mira entonces el mundo como un espejo de tu ser. Cada situación, circunstancia y relación refleja tu estado de conciencia.

La energía de tus intenciones terminará por regresar a ti en las relaciones y en otros aspectos de tu vida. La gente que conoces refleja tus propias intenciones.

 GARY ZUKAV

Hay una forma segura y clara de atraer al tipo de persona que deseas en tu vida: llegar a ser como esa persona. Si deseas atraer a personas pacientes y cariñosas, que se preocupen por ti y sean pacientes contigo, que tengan tu interés primordial en lo más profundo de sí, que estén a tu disposición sin ataduras, sin segundas intenciones; entonces conviértete en este tipo de persona para los demás, y atraerás personas iguales a ti. Esa es la ley de la atracción. La energía atrae energía.

Si piensas que no puedes ser feliz a menos de que tengas una compañera de vida, es probable que atraigas a una pareja infeliz y que quiere tener una relación contigo para llenar un vacío. Si, por el contrario, estás alineado con tu alma, estarás encaminado a atraer a alguien que refleje ese mismo estado de conciencia.

 DEEPAK CHOPRA

¿Quieres ser atractivo? Sé natural, entonces. Irradia tu humanidad simple y sincera. No te juzgues, ni tampoco juzgues a los demás. Responde a gestos de amor y no te pongas una máscara social. Simplemente sé natural. Reconoce que tienes debilidades y defectos, e incluso sombras. No se trata de estar incompleto, sino de estar completo. No se trata de ser defectuoso, sino de ser

pleno. Ese es realmente el secreto para las relaciones exitosas: ver todas las relaciones como un espejo.

Sé tú mismo siempre; resiste la tentación de usar diferentes máscaras. Si pretendes ser alguien diferente a ti, te desconectas de tu corazón y de otras personas.

> *¿Podría ocurrirnos un milagro mayor que mirarnos mutuamente a través de nuestros ojos por un instante?*
>
> —HENRY DAVID THOREAU

Cuando hayas encontrado el amor, seguirá siendo importante comunicarte desde el corazón, con confianza y respeto mutuos.

 ## JOHN GRAY

Para comunicar más desde el corazón, desde la autenticidad en una relación, primero tenemos que establecer esto como nuestro objetivo, y tenemos que ser capaces de recordar a los demás que lo hagan. Mi esposa es muy clara al respecto. Bonnie me dice: «John, no quiero escucharte hasta que me hables desde tu corazón». Y le respondo: «No, estoy hablando, lo que digo es sensato». «No, quiero oír tus sentimientos, quiero oír tu amor en el tono de tu voz. Y cuando lo encuentres, podremos hablar de nuevo». ¡Qué mensaje tan sencillo me da! Bonnie se niega a tener una conversación cuando sólo estoy en mi cabeza y no en mi corazón. Sería un error que ella dijera que es malo que esté en mi cabeza porque eso haría que una parte muy impor-

tante de mí estuviera equivocada. Pero lo que ella dice en los momentos en que mi corazón se cierra, cuando parezco rudo o enfocado en tener la razón, es: «No puedo escuchar eso ahora. Necesito escuchar un poco más de tu corazón. Cuando estés listo para hablar desde el corazón, estaré lista para hablar contigo».

Procura siempre comunicarte desde el corazón. Si te han dicho cosas molestas, mira esta fricción como un desafío para comenzar de nuevo, para regresar a tu alma y compartir tus sentimientos de una manera amable. Si se maneja con bondad amorosa, la fricción puede ayudar a tu relación a crecer.

Cuando tienes dificultades con tu pareja, estás teniendo dificultades contigo mismo. Cada falla que ves en ella toca una debilidad negada en ti mismo.

—DEEPAK CHOPRA, *EL CAMINO AL CORAZÓN*

 ## JOHN GRAY

Esto crece en la sabiduría del corazón porque cada vez que vuelves a amar, creces en esa sabiduría. Es la clave para acceder a tu potencial interior para amar, para conectarte con tu alma, porque el propósito de tu alma es amar. Y cada vez que regreses y ames de nuevo, creces en esa sabiduría.

 ## MAYA ANGELOU

Hace muchos años estuve casada, y mi matrimonio pendía de un hilo. Mi marido me hizo enojar mucho un día y no supe qué hacer. Entonces lo maldije. Cuando mi madre llegó, se quejó con

ella. Le dijo: «Madre, ella usó un lenguaje que me avergonzaría si se lo oyera a los marineros en el muelle». «¿Mi hija?», preguntó mi madre. Y él dijo: «Sí, ella usó vulgaridades conmigo».

Ella replicó: «Tendría que preguntárselo. —Y me preguntó—: ¿Lo hiciste?». «Sí», respondí. Se volvió hacia mi esposo y le dijo: «La gente usa palabras vulgares porque no saben el efecto que producirán; a veces no pueden encontrar una palabra que transmita lo que quieren decir y entonces utilizan lo que tiene el valor menor: la blasfemia».

«Son las cenizas las que son arrojadas». Así que cada vez que escuches blasfemias, comprende que han sido escogidas por alguien que no sabe qué decir y no puede encontrar las palabras, y por eso las dice.

Una forma de comunicarte con tu pareja desde el corazón es reemplazando las quejas por peticiones. Si siempre te quejas con tu pareja, esta dejará de escuchar o se pondrá a la defensiva. Pregúntate cómo puedes transmitir tu queja de manera que la otra persona entienda. Una forma de hacerlo es transformando tu queja en una petición. ¡Simplemente pregunta! Propóntelo y formula la petición con amor. Cuando tomas una decisión consciente para comunicarte con tu ser querido desde el corazón, puedes esperar una respuesta comparable.

 DEEPAK CHOPRA

Cada vez que sufres, hazte una pregunta: ¿en quién estoy pensando? Y descubrirás que estás pensando sólo en ti mismo. ¡Si deseas aliviar tu sufrimiento, deja de pensar en ti! Piensa en otras personas y verás que dejarás de sufrir. Porque cuando piensas en otras personas estableces una conexión con ellas y comienzas a ver que

eres más feliz. De hecho, muchos estudios actuales demuestran que la mejor manera de ser feliz es haciendo feliz a otra persona. La mejor manera de tener éxito es haciendo que alguien sea exitoso.

Acepta las cosas a las que el destino te ata, ama a la gente con la que el destino te junta, y hazlo con todo tu corazón.

—MARCO AURELIO

Asociación espiritual

Todas las relaciones que has atraído a tu vida hasta ahora, son precisamente las que necesitas en este momento de tu vida. Hay un significado oculto detrás de todos los acontecimientos, y ese significado oculto sirve a tu propia evolución.

—DEEPAK CHOPRA, *LAS SIETE LEYES ESPIRITUALES DEL ÉXITO*

A medida que te comunicas desde el corazón, creas el Poder Auténtico, ejerciendo valor y disciplina al experimentar conscientemente tus emociones, incluyendo las negativas. Por ejemplo, cuando sientas prejuicios acerca de alguien, ve en tu interior qué está provocando en ti que seas crítico y reemplázalo por la comprensión. Un compañero espiritual te puede ayudar con esta autorreflexión.

 ## LINDA FRANCIS

La asociación espiritual es una manera muy diferente de ver las relaciones. Una asociación espiritual es una asociación entre iguales con el propósito de crecimiento espiritual.

Un compañero espiritual es, efectivamente, un amigo que te apoya en tus esfuerzos para crear el Poder Auténtico. Y no cualquier tipo de amigo, sino un igual. Como iguales, sabes que nada ni nadie en el universo es más importante de lo que eres, y que nada ni nadie en el universo es menos importante de lo que eres. No te sientes superior ni inferior a los demás.

 ## LINDA FRANCIS

Crear el Poder Auténtico es lo más importante para mí. En otras palabras, es mi capacidad de transformarme en lugar de intentar transformar a los demás. Cuando me encuentro con personas que sienten esto mismo, podemos crear una asociación espiritual. Por ejemplo, mi compañero Gary Zukav y yo hemos creado una asociación espiritual. Esto significa que mi crecimiento espiritual es lo más importante para mí, pero yo lo apoyo en su crecimiento espiritual y él me apoya en el mío.

 ## GARY ZUKAV

Un compañero espiritual me puede ayudar a tomar conciencia de una parte de mi personalidad de la que yo no estaba al tanto y, por eso, los compañeros espirituales son valiosos. Por ejemplo, sé que Linda siempre me apoya cuando estoy molesto, irritable o enojado.

A veces, nos enamoramos cuando consideramos que alguien es perfecto. Después descubrimos que no es perfecto y aprendemos de manera consciente a amarlo aún más.

Un sueño que sueñas solo es simplemente un sueño.

Un sueño que sueñas con alguien es una realidad.

—YOKO ONO Y JOHN LENNON

Tu sistema emocional puede dividirse a grandes rasgos en dos elementos: el miedo y el amor. En cada situación, depende de ti elegir entre la energía del miedo y la energía del amor. El miedo al que se hace referencia aquí no es la emoción que se experimenta cuando te sientes amenazado físicamente, cuando un animal te gruñe o cuando estás al borde de una roca escarpada o alguien te intimida. Ese es el miedo funcional, el miedo que te hace más cauteloso. Ese miedo desaparece tan pronto pasa el peligro. El miedo opuesto al amor es el miedo crónico: el miedo que se repite una y otra vez, y es mucho más profundo.

Cuando alineas tu personalidad con tu alma, distingues entre el miedo y el amor, y dejas que el amor prevalezca sobre el miedo en todas tus decisiones diarias.

 MARCI SHIMOFF

Cuando me reuní con el Dalai Lama quedé muy impresionada por una respuesta particular que dio a una pregunta. «¿Cómo ves a la gente?». Y él dijo que hay dos maneras de ver a la gente. Puedo mirar las cosas superficiales que nos hacen diferentes, o puedo ir hacia adentro, al nivel primario, y ver las cosas que nos hacen iguales, las cosas que nos conectan, nuestra esencia humana común y básica. Dijo: «Y no importa con quién me encuentre, lo miro con esa visión primaria de esa esencia que nos conecta a todos. No importa si estoy hablando con el líder

de un país o con una persona en la calle. Miro el corazón y veo
mi corazón y su corazón. Todos somos iguales».

Vaya, la vida se ve diferente cuando vemos esa humanidad
común entre nosotros.

Cuando alguien te pone ansioso, puedes ver que él o ella sólo están activando una parte ansiosa de tu personalidad, y que no tratan de ejercer poder sobre ti. A medida que trabajas más con esa conciencia, las partes temerosas de tu personalidad empiezan a perder su control sobre ti. Dices la verdad con amabilidad, aunque sea difícil oírla.

Crea amor

Como maestro de la atención, Jack Kornfeld dice: «Con un corazón lleno de amor como fondo, todo lo que intentemos, todo lo que encontremos, se abrirá y fluirá con mayor facilidad. El poder de la bondad amorosa... calmará tu vida y te mantendrá conectado con tu corazón».

La energía del amor se extiende a otros: a nuestros hijos, vecinos, comunidad e incluso a las conexiones que tenemos con la gente que no conocemos alrededor del mundo.

 ## MARIANNE WILLIAMSON

Una de las mayores enseñanzas de mi padre fue que tomáramos
nota. Es como la frase en la Muerte de un viajante*: «Se debe*
prestar atención». La percepción amorosa es un entrenamiento.

Enviar bondad amorosa a los demás mejora la salud y el bienestar. Los estudios científicos sugieren que la práctica de la bondad amorosa

aumenta la conectividad social, reduce el dolor y el estrés y aumenta las emociones positivas. También llamada práctica de la compasión, la bondad amorosa te ayuda a ver las cosas desde la perspectiva del otro. Aumenta el poder del corazón.

MARIANNE WILLIAMSON

Hay una frase de Un Curso en Milagros *[de la Fundación para la Paz Interior], que dice: «El amor restaura la razón, y no al revés». Así que vivir sin corazón podría parecer en una circunstancia particular algo racional que debemos hacer o, incluso, según algunos preceptos, lo más inteligente que debemos hacer. Pero en última instancia, la única opción sostenible, la única opción de supervivencia para la raza humana es que comencemos a vivir desde el corazón, que comencemos a vivir con mayor énfasis; de hecho, desde una perspectiva centrada en el amor.*

Es fácil para nosotros hablar de amor, y ser incluso amorosos y encarnar el amor siempre y cuando las personas se comporten como nosotros, ¿verdad? Y cuando dicen exactamente lo que queremos que digan. Pero la vida nos desafía a encontrar un amor cada vez más amplio. No sólo por amor a mis hijos, sino por los niños al otro lado de la ciudad y por los niños al otro lado de la Tierra. Una compasión que no es sólo para mis intereses, y no sólo por la gente con la que es fácil solidarizarme, sino también la compasión por personas a las que yo no podría apreciar, e incluso por las personas que pueden haberme trai-

cionado, insultado o algo peor. El amor dice: «alimenta a los niños». Somos la única especie avanzada que está destruyendo sistemáticamente nuestro propio hábitat. ¿Qué dice el amor?: «Repara y salva la Tierra».

A través del corazón, ejercemos el poder más grande del corazón: el poder del amor.

CONTEMPLACIÓN

La bondad amorosa o La práctica de la compasión

La bondad amorosa aumenta la compasión. Para llevar a cabo esta contemplación, siéntate en silencio y repite cuatro frases que expresen bondad, compasión y buenos deseos para ti y los demás. Puedes repetir estas frases en cualquier momento: cuando estés practicando la respiración consciente o camines, mientras estás atascado en el tráfico, cuando te despiertes y antes de dormirte. También puedes escribirlas en una nota y colgarla en tu cartel de anuncios, en el refrigerador o en el teléfono. Puedes pronunciarlas mientras practicas la respiración, en una inhalación o exhalación, o sin enfocarte en tu respiración, lo que sea más fácil para ti. Empieza a expresar este amor y bondad por ti, eso abre tu corazón, aumenta la energía del amor en ti y te permite enviarla a los demás.

Repítete lo siguiente:

Ojalá esté seguro, ojalá sea feliz, ojalá esté sano, ojalá viva en paz.

Si tienes problemas para sentir que te aprecias, simplemente pon suavemente una mano en tu corazón mientras respiras y piensas, o te dices, esa frase.

Ahora, envía este pensamiento a una persona que tenga una influencia positiva en tu vida: *Ojalá estés seguro, ojalá seas feliz, ojalá estés sano, ojalá vivas en paz.*

Luego, envía estos pensamientos a una persona por la que no tengas sentimientos positivos ni negativos: *Ojalá estés seguro, ojalá seas feliz, ojalá estés sano, ojalá vivas en paz.*

Ahora, envía estos pensamientos a una persona con quien tengas dificultades: *Ojalá estés seguro, ojalá seas feliz, ojalá estés sano, ojalá vivas en paz.*

Por último, envía estos pensamientos a todos los seres del mundo: *Ojalá estén seguros, ojalá sean felices, ojalá estén sanos, ojalá vivan en paz.*

14. La resiliencia, el miedo y las adversidades

Si tu corazón adquiere fuerza, serás capaz de eliminar las imperfecciones de los demás sin pensar mal de ellos.

—GANDHI

La presencia de Maya Angelou transmitió vitalidad, energía y carisma. Una célebre poetisa, escritora de autobiografías, novelista, educadora, actriz, historiadora, cineasta y activista por los derechos civiles, Angelou escribió acerca de las dificultades para sobrevivir en un mundo complicado y dividido por el racismo. Con innumerables logros, era ante todo una mujer con una enorme compasión, que siguió siempre su corazón en la adversidad y en la prosperidad, y quien instó a los demás a vivir desde el corazón.

Tuve el gran privilegio de entrevistar a Angelou en su casa. Espontáneamente, me contó por qué había aceptado de inmediato mi solicitud de una entrevista: ella creía que era precisamente en esta etapa de su vida plena que podía animar a otros a entender por qué es esencial que vivamos desde nuestros corazones: sin importar quiénes seamos, de dónde vengamos y lo que hayamos experimentado.

Si yo tuviera que describir a Angelou con una palabra luego de mi encuentro con ella, elegiría *resiliencia*. Angelou habló del racismo brutal que había enfrentado en su juventud y de los trágicos acontecimientos que había vivido y presenciado. Angelou ayudó al líder de los derechos civiles y reformador Malcolm X a fundar la Organización de la Unidad Afroamericana y también actuó como Coordinadora en el Norte de la Conferencia de Liderazgo Cristiano del reverendo Martin Luther King, Jr. Tras el asesinato de Malcolm X, seguido poco después por el de King —el 4 de abril, el mismo día del cumpleaños de Maya— Angelou sintió que su mundo se derrumbaba.

Sin embargo, Angelou no estaba amargada. A lo largo de los años, logró transformar esos eventos en sabiduría. Me dijo que no permitiría que las injusticias de la vida la condujeran a la posición de víctima. Todo el dolor que experimentó aumentó la resiliencia de su alma. «La amargura es como el cáncer—me dijo—. Te consume».

«No tienes que ahogar tus penas sino tratar siempre de recuperar la alegría», agregó. Luego cantó el estribillo de una hermosa canción Gospel para resaltar sus palabras:

> *Lleva tu carga al Señor y déjala ahí*
> *Déjala ahí, déjala ahí*

Lleva tu carga al Señor y déjala ahí.
Si confías y nunca dudas, seguramente Él te ayudará.
Lleva tu carga al Señor y déjala ahí.

La vida puede ser difícil. El curso de tu vida te presentará muchos desafíos. Los reveses son inevitables y hay fuerzas que no puedes controlar: la enfermedad, una mala economía, los despidos laborales, la muerte de seres queridos. Tu corazón puede ayudarte a afrontar todo esto y a ponerte en contacto con la resiliencia innata de tu alma.

 MAYA ANGELOU

Todos los días trabajas en ello. Cada día que acudes a tu corazón, cada día cuando me hablas. Todos los días que trates de hacer lo correcto, por las personas adecuadas, todo el tiempo.

Haz todo el bien que puedas. Por todos lo medios a tu alcance. En todos los lugares donde puedas. Todas la veces que te sea posible. A toda la gente posible. Por todo el tiempo que puedas.

—JOHN WESLEY

Aunque comprendas que la vida nunca será la misma, puedes aprender y crecer luego de hacer frente a tus problemas. Pasar por un período difícil puede hacerte más fuerte. Con más frecuencia que no, la experiencia de haber sido severamente probado y dejado de nuevo solo hace posible que una mejor calidad de vida tome forma otra vez.

No importa cuán duro haya sido el pasado, siempre podrás empezar de nuevo.

—BUDA

Necesitas encontrar el valor para confiar en el sabio consejo de tu corazón, incluso en momentos de decepción y tristeza. Entonces puedes empezar a creer de verdad que un revés no es el fin del mundo, sino que en realidad puede convertirse en un cambio importante en tu vida.

 MAYA ANGELOU

Ese es el corazón que toca a tu puerta y te dice: «Abre la puerta, aquí estoy, tú me necesitas». Entonces tú dices: «Ah, miren dónde estoy, estoy en el infierno. No lo sabía». Pero el corazón te dice: «Confía en mí, que yo te sacaré de ahí».

 MICHAEL BECKWITH

La vida está llena de retos. Los retos y las dificultades muchas veces son el calor y el fuego intensos que nos abren para descubrir dones, talentos y capacidades en nuestro interior.

Cuando la vida no sigue tu camino, tu mente puede producir escenarios fatalistas y opresivos, y percibir limitaciones en lugar de oportunidades. Estos escenarios harán que los obstáculos se sientan como una sentencia de por vida y tratarán de hacerte creer que la vida después de un despido laboral o del fracaso en tu relación ya no sea digna de ser vivida. Pero si te apartas de estos pensamientos luego de tener un diálogo con tu corazón, serás recompensado con la confianza de que es muy probable que logres superar esta etapa difícil.

PAULO COELHO

Cuando estés derrotado y sufras, no finjas que eres espiritual-
mente superior. Siéntate y llora. Di: «Dios mío, ¿por qué me
abandonaste?». Tienes permiso para llorar, tienes permiso para
ser derrotado; no trates de evitar el sufrimiento, pues sólo te en-
gañas. Pero dale un tiempo definido, digamos una semana, un
mes, lo que sea. Y luego, sufre con todas tus fuerzas. Di: «Bueno,
voy a sufrir, voy a llorar, no voy a comer, voy a comer mucho,
voy a hacer esto, voy a hacer aquello, voy a quejarme, a veces voy
a insultar a la energía divina». Pero luego dite: «Bueno, esto es
parte de la vida». No te des por vencido, vive esta situación con
una fuerza que no sabías que tenías. No seas tan cobarde como
para evitar el sufrimiento. ¡Sufre! No es malo.

Yo sufro mucho. Enfrenté mucha oposición. Pero aún así,
cuando lo supero y digo: «No voy a estar paralizado por eso, no
voy a hacer lo que piensan que debería hacer. Me siento más
fuerte, y eso es bueno para mí».

La fuente de la sabiduría es cualquier cosa que nos suceda hoy. La fuente
de la sabiduría es lo que nos está pasando en este mismo instante.

—PEMA CHÖDRÖN

HOWARD MARTIN

Cuando damos ese paso para profundizar más en nosotros mis-
mos, nos encontramos con la inteligencia del corazón. Y cuando

lo hacemos, las perspectivas más optimistas y seguras comienzan a emerger. Incluso nuestro diálogo interno puede cambiar. Podemos llegar a tener pensamientos como: «Esta es una situación terrible y no sé cómo voy a salir de ella, pero he pasado por cosas difíciles antes y he encontrado una manera de hacerlo. Apuesto a que encontraré una salida esta vez». Esa es la inteligencia del corazón que te habla.

Debido a que tu corazón tiene una mayor perspectiva de tu vida de la que tiene el cerebro, puede mostrarte la manera de hacer frente a un problema. Tal vez la pérdida de tu trabajo sea el paso hacia un nuevo entorno laboral en el que aprenderás nuevas habilidades. Tal vez encontrarás una nueva manera de dar amor después de perder a alguien que amas. Permanece conectado con tu corazón y escucha su orientación.

 PAULO COELHO

De repente, te enfrentas a una tragedia y dices: «Ay, Dios mío, ¿cuál es el significado de la vida?». Y luego, en lugar de sentir miedo tras una tragedia, dices: «Voy a cambiar mi vida. Voy a hacer algo que sea importante para mí, y no algo que me dijeron que hiciera».

Cuando puedes ver un revés a través del lente de tu corazón, tal vez esto no cambie el revés, pero sí alterará tu percepción de él. Sólo puedes organizar tu vida de nuevo cuando tengas el valor para seguir a tu corazón y la confianza de que tu alma te llevará a tu destino.

MICHAEL BECKWITH

Cuando somos conscientes de que los desafíos son una parte del despliegue de nuestra alma, de que son una parte de la vida, una parte de esta encarnación, una parte de esta búsqueda espiritual, los abordamos de un modo diferente. Tenemos la intención de llevar a cabo una práctica espiritual donde nuestro enfoque esté en el crecimiento, esté en el desarrollo, donde nuestra atención se centre en convertirnos más en nosotros mismos.

Cuando puedas ver las dificultades como una prueba que sólo fortalecerá tu alma, descubrirás con el tiempo que a pesar de que el revés era inevitable y que no lo esperabas o lo merecías, te ayudó a crecer.

NEALE DONALD WALSH

Puedes estar agradecido incluso por las cosas que imaginas que no son nada buenas para ti, que imaginas que no quieres realmente o que deseas que no hubieras tenido que experimentar. Incluso en esos momentos, los maestros dicen: «Gracias a la vida, gracias a Dios, gracias al ser divino por esta experiencia en particular, porque sé que dentro de poco veré el don extraordinario que contiene este encuentro físico».

Los reveses ofrecen oportunidades únicas para explorar la resiliencia de tu alma. Puedes salir de ellos menos vulnerable y más hábil para lidiar con nuevos reveses. Verás que el viento frontal que experimentaste fue clave para tu viaje. Tu supervivencia es más preciosa. El amor es más dulce. Y aprecias el éxito por el tiempo que dure después de un revés.

Nuestra mayor gloria no es nunca caer, sino levantarnos tras cada caída.

—CONFUCIO

Para liberarte de la desesperación, la ira y la autocompasión, incluso cuando la vida es una lucha, recuerda todo por lo que estás agradecido. Estas cosas pueden ser difíciles de ver en ciertas ocasiones, pero están ahí. La gratitud ayuda a transformar la magnitud y el significado de tus reveses, y a hacer que sea más soportable.

 ## RUEDIGER SCHACHE

Si te expresas con aprecio o gratitud, es como si enviaras amor a Dios. La gratitud es abrir tu corazón y dar un gran sí a Dios, al universo, a tu alma o a aquello en lo que creas. La gratitud es una de las cosas más poderosas que puedes hacer para abrir tu corazón.

Pase lo que pase en tu vida, ten fe en un orden superior, en el apoyo de algo más grande, sabiendo que no estás solo. Ten en cuenta, aun en los momentos de adversidad, que eres más que un cuerpo, que eres un alma conectada con las demás.

Ruediger Schache (*derecha*)

GARY ZUKAV

Un ser humano con cinco sentidos ve la experiencia como buena y mala fortuna, como positiva o negativa, como la mejor o la peor de las suertes. Pero un ser humano multisensorial tiene una percepción más amplia. Un ser humano multisensorial ve toda experiencia como un potencial para crecer espiritualmente. Toda experiencia.

Cuando algo nos duele en la vida, no acostumbramos a pensar en ello como nuestro camino o como la fuente de la sabiduría. De hecho, creemos que la razón por la que estamos en el camino es para deshacernos de este sentimiento... Este es el momento de abrir tu corazón, de ser amable, justo en este momento. Ahora es el momento... Ahora es el único momento.

—PEMA CHÖDRÖN, *CUANDO TODO SE DERRUMBA*

El corazón te ayuda a superar el miedo

El miedo y el amor son opuestos, pero también se complementan entre sí. Todo lo que no es amor es miedo. El amor proviene del alma, mientras que el miedo es un término colectivo para todas las emociones negativas, incluyendo la ira, la irritación, los celos, el resentimiento, el odio, el machismo y un sentido de superioridad o inferioridad, o ambos. El miedo es todo lo que te impide conectarte con tu corazón. Este tipo de miedo es algo completamente diferente de la sensación de amenaza física que puedes experimentar cuando oyes sonidos macabros o cuando alguien te intimida.

 ## PAULO COELHO

Por supuesto que hay temores que necesitamos. Mira antes de cruzar la calle porque, de lo contrario, un auto podría atropellarte. Este es un temor positivo. Por otro lado, hay temores como: «Tengo miedo de hablar con esta mujer o ese hombre porque temo ser rechazado». Este es un temor tonto. Así que debes elegir tus miedos y no dejarte paralizar por los más fuertes. De alguna manera, el temor está ahí para probarnos.

Todos tenemos nuestros miedos. Obviamente, esto es molesto y la mayoría de nosotros no estamos precisamente orgullosos de los aspectos temerosos de nuestra personalidad. Y, sin embargo, los momentos en que sientes temor ofrecen la oportunidad perfecta para una mayor comprensión de ti mismo.

Si intentas deshacerte del miedo y de la ira sin conocer su significado, se harán más fuertes y regresarán.
—DEEPAK CHOPRA, *EL TERCER JESÚS*

Nada se va definitivamente hasta que nos enseña lo que necesitamos saber.
—PEMA CHÖDRÖN

GARY ZUKAV

Los aspectos de tu personalidad basados en el miedo no son tus obstáculos, no son tus enemigos. Son tus caminos hacia el crecimiento espiritual.

Cuando alguien te acusa erróneamente de algo, cuando alguien trata de atribuirte algo con lo que no tienes nada que ver, te sientes victimizado y enojado o indignado. Aún así, puedes determinar la forma en que manejas tu enojo si decides alinear tu personalidad con tu alma en ese momento. La causa de tu ira es únicamente la parte temerosa de tu personalidad, no tu alma, la que considera el comportamiento de la otra persona (la que te acusó erróneamente) como injusto. Siempre y cuando te dejes gobernar por una parte temerosa de tu personalidad, la ira se mantendrá a cargo.

RUEDIGER SCHACHE

Lo que sucede afuera es la simple presión de un botón en tu sistema que activa, por ejemplo, el miedo o la ira. Y entonces, lo que puedes hacer es centrarte en el mundo interior, en la ira o el miedo.

MICHAEL BECKWITH

Cuando consideramos desafiar el miedo, en realidad estamos considerando hacer brillar la luz de la conciencia en esos lugares interiores que tienen miedo.

Antes de conectarte con tu corazón para transformar tu ira en amor, necesitas confrontarla y reconocerla como un impulso que proviene de una parte temerosa de tu personalidad. Recuerda que, al igual que la persona identificada por tu miedo, tú y ella son más que simples personajes; son almas iguales.

 PAULO COELHO

Entonces, se trata de una batalla interna en la que tienes que confiar en tu intuición y en tu corazón.

Deposita tu confianza en tu corazón para impedir la traducción de tu enojo en palabras o acciones abusivas. La decisión consciente de transformar tu ira en amor te permitirá dirigir tu propio camino y evita que las emociones negativas se apoderen del timón. Piensa en tus miedos como regalos recurrentes que te dan la oportunidad de crecer.

 ISABEL ALLENDE

Es muy difícil recordar el amor cuando tenemos miedo. El miedo es una de las emociones más fuertes del mundo.

Puede ser un reto recordar, cuando estás sintiendo una emoción negativa, que tanto tú como tu torturador son almas hermosas conectadas con un nivel superior de conciencia, y que tu ira no es más que un impulso de una parte asustada de tu personalidad.

¿Cómo lo logras realmente?

LINDA FRANCIS

Aunque sienta dolor en mi corazón, lo abro. Simplemente respiro hacia mi corazón. Abro mi corazón y me acuerdo de cosas de las que estoy muy agradecida, como mis nietos, momentos en los que he estado en una montaña o en un arroyo. Simplemente me abro al amor que sentí antes en mi vida. Entonces puedo cambiar la perspectiva que he tenido, lo que tiene esta parte asustada de mi personalidad.

 ## RUEDIGER SCHACHE

Si eres capaz de encontrar en todas las situaciones de tu vida los aspectos malos y los buenos, entonces serás capaz de romper con todos tus temores y seguir los consejos de tu corazón. Céntrate en los aspectos positivos. Ese es tu camino.

 ## GARY ZUKAV

No tienes que dejar que estas sensaciones dolorosas o pensamientos críticos determinen lo que haces o dices. Se trata de eso. No tienen que controlar tus acciones o tus palabras, aunque las estés experimentando. Cuanto más lo hagas, estas partes de tu personalidad tendrán menos poder sobre ti. Todavía se manifiestan, todavía las sientes, todavía te duelen, pero ya no eres controlado por ellas.

Las emociones negativas seguirán surgiendo en tu camino, incluso después de que te hayas conectado con tu corazón. Si decides no expresarlas, no gobernarán tu vida, pero sí es necesario estar al tanto de ellas y examinarlas. Puedes tomar esa decisión. Ábrete a pensamientos de amor. Es sólo tu miedo el que interpreta, por ejemplo, la conducta de otra persona como una acusación.

Actúa desde tu Poder Auténtico. La otra persona, vista por las partes temerosas de tu personalidad como la instigadora de una emoción negativa, en realidad no tiene nada que ver con tu miedo.

> *Cuando nos encontramos en medio de un problema...*
> *podemos hacernos infelices o podemos hacernos fuertes.*
>
> —PEMA CHÖDRÖN

Las emociones negativas comienzan a perder control sobre ti desde el momento en que decides alejarte de ellas al abrir tu corazón, desde el momento en que amas realmente y tu corazón es compasivo con los demás. Cuando tu personalidad está en plena consonancia con tu alma, puedes escuchar la voz de tu corazón, incluso en momentos en que una emoción negativa esté amenazando envolverte.

 ## PAULO COELHO

El miedo no tiene nada de malo. Lo único malo es estar paralizado por el miedo. Creo que desde el momento en que permites que el miedo te paralice, estás perdido.

Cada vez que experimentas una emoción negativa, tienes la opción de transformarla en amor.

Debido a que la intención subyacente a una emoción y a un comportamiento negativos se origina en una parte asustada de tu personalidad, la energía de ese comportamiento volverá de nuevo. Después de todo, cada una de tus intenciones es energía. Y la energía que emites siempre regresa a ti. Esta es la ley de la acción y la reacción, de la causa y el efecto. Así que cualquier abuso verbal y la ira a la que recurras, la recibirás de vuelta. Sólo podrás romper con el círculo vicioso de las emociones negativas cuando elijas el amor sobre el miedo.

*Lo que hacemos se acumula; el futuro es
el resultado de lo que hacemos en este instante.*

—PEMA CHÖDRÖN

La energía amorosa de tu alma puede inspirar a tu personalidad y permitirte encontrar satisfacción en dar y recibir amor.

La resiliencia también es posible para ti. Cualquiera que sea tu circunstancia, la dignidad y la práctica de la concientización y del amor bondadoso pueden transformar tu vida en un camino hacia el entendimiento y el amor. El mundo necesita de esta sabiduría y amor más que nunca. Poniéndolo en práctica, cada uno puede contribuir con semillas de bondad para nuestra familia, nuestra comunidad y la Tierra. De esta manera, compartimos el peregrinaje del espíritu donde quiera que estemos.

—JACK KORNFIELD

CONTEMPLACIÓN

Vivir sin miedo

Los momentos en que sientes miedo son una oportunidad perfecta para abrir tu corazón y crear el Poder Auténtico. El miedo está generalmente en tu imaginación, sostenido por una parte asustada de tu personalidad. Confía en tu corazón, confronta tu miedo y reconócelo como un impulso de una parte temerosa de tu personalidad, y no de tu corazón ni de tu alma. Puedes optar por transformar tu miedo en amor. En esta contemplación, hemos combinado maneras de abordar los comportamientos temerosos y de cambio de la maestra en motivación Rhonda Britten y de la maestra en meditación Pema Chödrön.

Para usar tus emociones como preguntas que profundicen en la comprensión de ti mismo, siéntate en silencio y menciona una situación en la que sientas miedo o ira. Piensa en lo que estás esperando que suceda: lo que esperas que debes hacer en esta situación y lo que esperas que hagan otras personas. ¿Actúas de cierta manera porque sientes que tienes que hacerlo? ¿Esto te pone a la defensiva o te causa enojo?

En la medida en que sientas que aparece el miedo, nota cómo estás modelado para reaccionar. Páralo. No digas lo que has dicho antes. No hagas lo que has hecho antes. Haz algo desconocido. Haz una cosa distinta a aquella que hayas hecho antes.

Mira el miedo como algo temporal. Observa la emoción o el miedo, míralo por lo que es, y deja que desaparezca o disminuya. Puede ser difícil para ti no hacer algo, pero puede ser mejor que te sientes, respires y no hagas nada en absoluto. Para transformar estas expectativas en intenciones positivas, respira conscientemente y conéctate con tu corazón. Transforma esas expectativas negativas en intenciones positivas. Imagina cómo actuarás desde el corazón y cómo extenderás la compasión y el amor a los demás.

15. El perdón

Los débiles nunca pueden perdonar.
El perdón es el atributo de los fuertes.

—GANDHI

Durante mi entrevista con Isabel Allende en su casa, llamada la Casa de los Espíritus, en San Rafael, Condado de Marín, en las afueras de San Francisco, me dijo que había sido criada por sus abuelos, al igual que yo. Su abuela era muy espiritual y solía comunicarse con las almas de los difuntos. Fue ella quien hizo que Isabel comprendiera que vivimos en un mundo mágico constituido por mucho más de lo que podemos percibir con nuestros cinco sentidos.

Nos reunimos en su estudio, donde conserva una máquina de escribir en la que ha redactado muchos de sus libros hermosamente escritos. Allende habla con pasión. Cada palabra impacta.

Cuando mencioné la importancia del perdón, Allende permaneció varios minutos en silencio. Es evidente que se trataba de un poder que estaba cerca de su corazón. Me habló de la muerte de su hija Paula en

1992, que se produjo a causa de negligencia médica en un hospital de Madrid. Paula tenía porfiria, una enfermedad hereditaria, pero no letal. Sin embargo, los médicos no la trataron adecuadamente, cayó en coma y la conectaron a un respirador artificial. Cuando el hospital le retiró el respirador, Allende llevó a Paula a casa y se ocupó de ella durante un año, esperando, rezando y rogando para que saliera del coma.

Cuando se hizo evidente que Paula estaba muriendo, horas antes de que ocurriera, Allende, con su madre y su nuera, lavó a Paula con una esponja, le puso un vestido lindo y la peinó. Luego, colocó talismanes en el pecho de Paula: una flor de naranja que su abuela había llevado cuando se casó, un espejo de plata, las fotos de su sobrina y sobrino, y una cucharita de plata. Allende vio la muerte de Paula como una liberación para su hija, pero sintió una intensa tristeza y dolor. Luego escribió: «El silencio antes de nacer, el silencio después de la muerte».

Después de que Paula falleciera, Allende experimentó «por necesidad, lo que significa perdonar». Estaba enojada, pero tuvo que perdonar a los médicos para seguir adelante. Reconoció que ellos, a pesar de que fueron responsables de la muerte de Paula, no habían deseado hacerle daño.

 ISABEL ALLENDE

Pasé por la experiencia de perder a mi hija porque hubo negligencia en un hospital. Podía cargar por el resto de mi vida con la ira y el resentimiento por lo sucedido. Podía culpar y demandar al hospital, pero en su lugar decidí escribir un libro. En ese libro, limpié en cierto modo todo el asunto. Comprendí lo que había pasado y me di cuenta de que no hubo mala intención. Hubo ignorancia y negligencia, pero no con el propósito de ha-

cerle daño. Perdoné y he podido vivir feliz durante diecinueve años con el espíritu de mi hija. No llevo esa carga conmigo.

Perdonar no significa comprender, defender o aprobar la conducta de otra persona, o tratar de reprimir artificialmente los sentimientos causados por dicho comportamiento. Tampoco significa perdonar borrando el comportamiento de la otra persona de tu memoria, pretendiendo que el dolor, la humillación o lesión nunca sucedieron. Perdonar significa simplemente abrir de nuevo la puerta a tu corazón y estar preparado para abandonar la esperanza, de una vez por todas, de que el pasado podría haber sido diferente, y abandonar la esperanza de un pasado sin injusticia.

MARCI SHIMOFF

El perdón no significa que toleres el acoso de otra persona. Este es un punto muy importante. El perdón significa simplemente que te estás liberando de los bloqueos de energía que tienes todavía, de los resentimientos con los que cargas.

HOWARD MARTIN

El perdón es una de las cosas más poderosas que cualquiera puede hacer. Es difícil de hacer, es una de las cosas más duras: perdonar, sobre todo cuando sentimos con justicia que nos han hecho daño.

Sentir resentimiento no sólo afecta tu relación con la persona que podrías perdonar, sino que también afecta el resto de tus relaciones.

Corres el riesgo de aislarte de tu propio corazón. Los sentimientos de rencor bloquean el libre flujo de amor y sabiduría en tu corazón. Conéctate con la fuente inagotable de amor dentro de ti para que puedas perdonar y desmantelar los bloqueos y empezar de nuevo a vivir libremente en el amor y la compasión.

 ## ISABEL ALLENDE

Es debido al perdón que nos sacudimos de esa carga que llevamos.

Perdonar significa aceptar que te han hecho daño, pero también que simplemente no puedes volver atrás el reloj. Mientras recuerdas el comportamiento de la otra persona, la esperanza de que las cosas podrían ser diferentes deja paso a una esperanza orientada al futuro, de modo que ya no eres un prisionero del pasado. Perdonar no consiste en mirar hacia atrás, sino en mirar hacia el futuro. Consiste en darte cuenta de que hay una razón por la cual el parabrisas de un auto es mucho más grande que el espejo retrovisor.

En otras palabras: perdonar consiste en desechar la idea de que tienes que albergar un resentimiento permanente en contra de alguien. Si haces esto, nunca podrás ser feliz. Es por eso que el perdón es tan importante. Y se requiere un cambio fundamental en la manera de ver a la persona a quien podrías perdonar. En lugar de verla como la persona que te victimizó, debes verla como una persona que te ayudará a acercarte más a tu corazón.

 ## HOWARD MARTIN

Cuando no perdonamos, juzgamos, nos resignamos y ese tipo de cosas que no nos benefician. Sólo nos hacen daño y simplemente

Howard Martin *(derecha)*

nos llevan hacia abajo. Nos debilitan, nos roban la calidad de vida e incluso nuestra salud.

Cuando no perdonas, te impacientas bajo el yugo de los resentimientos. El rencor te golpea más duro que el recuerdo de aquel acontecimiento irreversible del pasado. El resentimiento es como una copa de veneno que viertes en tu garganta con la esperanza de matar a la otra persona. Y mientras que esta permanece incólume, terminas destruyéndote a ti mismo.

En diferentes momentos de nuestras vidas, todos hemos sido profundamente heridos, excluidos, traicionados o agraviados. Incluso cuando alguien te pide perdón, a menudo es muy difícil perdonar a esa persona.

 ## MARIANNE WILLIAMSON

El perdón es un acto de interés propio. Dices: «No quiero estar atrapado ahí, quiero ser capaz de seguir adelante con mi vida sin esta carga del pasado. Me perdono yo mismo».

 ## MICHAEL BECKWITH

El perdón es esencial para el desarrollo y el despliegue de nuestro crecimiento espiritual.

El perdón es ante todo un acto de liberación. Te liberas de la amargura que hay dentro de ti, de la amargura generada por el comportamiento de la otra persona.

ISABEL ALLENDE

El perdón es algo muy personal que proviene de un lugar de amor y de un lugar donde estás en paz contigo mismo. Creo que es algo que sucede tan íntimamente, tan profundamente, que no puedes forzarlo. No puedes razonar con el perdón pues está en el corazón. Cuando te reconcilias con tu propio corazón, lo perdonas todo.

 ## MAYA ANGELOU

El perdón lo es todo. Cuando pienso en el perdón, lloro de gratitud de que exista.

El perdón es un acto dirigido a ti más que a otra persona. Es para tu bienestar espiritual y salud física. Es un proceso destinado a desbloquear todos los caminos hacia y desde tu corazón, para que el amor y la sabiduría puedan volver a fluir libremente.

No tienes que dejar que la persona a la que estás perdonando entre de nuevo en tu vida. Aún más, esa persona no necesita saber siquiera que tú la has perdonado. O tal vez nunca lo sepa porque ha fallecido. Pero nunca es demasiado tarde para perdonar a alguien en tu corazón.

 ## MARCI SHIMOFF

Una de las historias más inspiradoras sobre el perdón trata acerca de un monje budista tibetano a quien el gobierno chino mantuvo en prisión por veinte años. Durante ese tiempo, fue

maltratado muchas veces y golpeado por los guardias. Cuando fue liberado, vino a Estados Unidos y fue entrevistado por el Dalai Lama, quien le preguntó: «¿Cuándo sentiste que estabas en mayor peligro?». El monje respondió: «Estuve en mayor peligro cuando pensé que podría perder mi capacidad de sentir compasión y perdonar a mis guardias».

Para Shimoff, Nelson Mandela es a la vez un gran hombre y un arquetipo humano del perdón. Antes de ser elegido como el primer presidente negro de Sudáfrica en 1994, pasó más de veintisiete años como preso político del gobierno del apartheid blanco, gran parte de ellos en la Robben Island, un infierno en la Tierra donde los guardias golpeaban y abusaban de los prisioneros. El correo de Mandela fue censurado y restringido, por lo que apenas tuvo contacto con su familia, pero como no podía ni quería vivir sin amor, Mandela decidió perdonar a sus guardias y sentir amor por ellos en su corazón. Conversaba con ellos, les enseñaba historia y enseñó a un guardia que, cuanto más das, más recibes.

Debido a que los perdonó, los guardias tuvieron dificultades para maltratar a Mandela, por lo que la dirección de la cárcel los reemplazaba constantemente. Le arrebataron la libertad, pero optó por estar libre de resentimiento y enojo. Como presidente, Mandela mantuvo contacto con varios de sus guardianes.

La mayoría de nosotros nunca tendrá que pasar por ese tipo de experiencias tan brutales y, sin embargo, ¿seremos capaces de sentir compasión y perdón por agravios, traiciones y decepciones pequeñas que suceden en nuestras vidas?

MAYA ANGELOU

Si estás presente, que sea totalmente. Lleva todo lo bueno que tengas. Entonces, creo que te será permitido ver el poder del perdón.

Cuando puedas perdonar realmente, podrás dejar que tus sentimientos de rencor resbalen de tus hombros como una carga pesada y liberar el amor dentro de ti. Podrás dar un suspiro de alivio y hacer «borrón y cuenta nueva».

 ## MICHAEL BECKWITH

No sólo las toxinas son liberadas por sus almas, sino que descubren también una dimensión de su propio ser que está tan llena de luz que nunca antes habían sabido que estaba allí. Ni siquiera tengo palabras para ello. El perdón es simplemente una manera poderosa de estar en el mundo.

¿Hay alguien en tu vida ahora mismo cuyo comportamiento te ha mantenido como rehén durante algún tiempo? ¿Alguien sigue ahogando la conversación que tratas de tener con tu corazón? ¿No es este el momento perfecto para librarte de tu ira y tu resentimiento?

Las siguientes sugerencias pueden serte útiles.

- Perdonar a alguien depende de ti. Puedes optar por no volver a vivir el dolor y seguir adelante con tu vida. Nadie más puede elegir por ti, y al final, nadie se beneficiará más de esa elección que tú.
- Ten en cuenta el impacto que tu ira y resentimiento tienen en tu vida. Ten en cuenta que este impacto será siempre mayor que la experiencia del pasado irreversible.
- Al perdonar, te permites ser feliz de nuevo y seguir adelante con tu vida. Trata de alimentar el amor y la compasión por el otro en tu corazón.
- Trata de ver la situación desde la perspectiva de la otra persona, por muy difícil que sea. No estarás excusando el comportamiento de la otra persona, pero al igual que tú, es un alma en la Tierra.
- Reserva tiempo para perdonar. No tienes que perdonar necesaria-mente a alguien hoy. Mañana será otro día. Nunca es demasiado tarde para el perdón.
- No te quedes en el pasado pero trata de cambiar tu enfoque al presente. El pasado ya pasó y no puedes volver atrás el reloj.

CONTEMPLACIÓN

Haz lo correcto

Esta antigua práctica del perdón es un camino hacia la paz. Puedes utilizarla para resolver problemas o conflictos en tu interior, o la rabia que sientes por las personas que te han herido.

Escribe o di estas cuatro frases: «Por favor, perdóname. Gracias. Te quiero».

Puedes decirte esto, en tu interior, para ti. Puedes decirlo para alguien de quien estás distanciado; puedes decirlo para alguien que falleció.

Descansa con estas cuatro frases en tu corazón. Ahora, siente estos deseos por la persona a la que necesitas perdonar. «Te perdono. Por favor, perdóname. Gracias. Te amo».

Siéntate durante cinco o diez minutos al día y envía estos deseos a la persona o situación. Después de varios días, o de una semana o dos, sentirás un cambio emocional interno, que las emociones más pesadas disminuyen y tu espíritu se elevará.

16. Una civilización con corazón

Esta es mi religión simple. No hay necesidad de templos, no hay necesidad de filosofía complicada. Nuestro propio cerebro, nuestro propio corazón es nuestro templo; la filosofía es la bondad.

—DALAI LAMA

Tu corazón es la puerta a un nivel superior de conciencia de amor y sabiduría. Cuando sigues tu corazón, tu mundo gira a tu alrededor, dando en lugar de recibir, y contribuyes a una civilización positiva.

Cada acto cuenta. Cada pensamiento y emoción también cuentan. Este es el único camino que tenemos.

—PEMA CHÖDRÖN

Cuando entrevisté a Eckhart Tolle, le pregunté de qué manera el despertar del corazón puede causar la transformación más allá de la experiencia individual. Respondió: «Quienquiera que esté en contacto con su corazón, está conectado con su verdadera naturaleza. Y quien está conectado con su verdadera naturaleza, está conectado con la verdadera naturaleza de todos los seres vivos. Esa conciencia, que vive en unidad con el poder del corazón, creará una nueva realidad. Nada nos liberará, salvo nosotros mismos».

En efecto, al recrearnos y al reflejar los valores de nuestras almas, nuestro cambio interior crea el cambio exterior, y la paz interior crea la paz exterior.

Hubo un largo silencio, durante el cual medité en sus palabras. Para mí, el círculo se había completado. Tolle fue el último maestro que tuve el privilegio de entrevistar para la película y el libro. Durante este encuentro, comprendí más que nunca que el placer y la alegría forman básicamente la esencia del poder del corazón, y que sólo el poder del corazón puede transformar nuestro mundo en uno nuevo.

> *Soy sólo una, pero soy una. No puedo hacerlo todo, pero aún así puedo hacer algo; no me negaré a hacer algo que pueda hacer.*
>
> —HELEN KELLER

> *Tanto el Antiguo Testamento como el Nuevo Testamento hablan de un nuevo cielo y de una nueva tierra. En este contexto, el cielo no es tanto un lugar, sino un ámbito interno de la conciencia. Tu corazón, se podría decir. La Tierra es la manifestación en la forma, que es el reflejo del ser interno. Un nuevo cielo para mí es el surgimiento de una conciencia humana despierta, y una nueva tierra es el reflejo de eso en el mundo material.*
>
> —ECKHART TOLLE, *UNA NUEVA TIERRA*

PAULO COELHO

Un filósofo y jesuita francés llamado Teilhard de Chardin tenía ideas muy extrañas para la Iglesia de hace más de cien años, por lo que fue enviado a China. Desarrolló una idea muy interesante según la cual existe una energía de amor que rodea al planeta. Dijo que el día que seas capaz de controlar esta fuerza, o de usar esta fuerza de amor como usas el viento, como usas la fuerza del agua, como usas la fuerza del sol, desde el momento en que seas capaz de controlarla, de ponerla a trabajar, entonces cambiaremos el mundo.

> Al final, las naciones serán juzgadas por el tamaño de sus corazones y no por el tamaño de sus ejércitos.
>
> —ANTHONY DOUGLAS WILLIAMS

ISABEL ALLENDE

El problema de nuestra civilización es que nos hemos olvidado del corazón, decía Martin Luther King Jr. Hemos separado al poder del amor y vivimos en una cultura de codicia, de poder, de violencia, de posesión y de consumo, en un planeta que es limitado. Esa es una manera insostenible de pensamiento y de forma de vida.

Hay una creciente toma de conciencia colectiva de que el futuro está dentro de nuestros corazones, y de que estaremos en mejor situación, tanto individual como colectivamente, si somos capaces de restaurar nuestras conexiones con el corazón.

JOE DISPENZA

La mente y la materia están relacionadas. Uno de los mayores retos que tenemos como seres humanos es crear realmente un puente entre el mundo objetivo, lo que está sucediendo fuera de nosotros, y el mundo subjetivo, lo que sucede dentro de nosotros. La física cuántica señala que el entorno es una extensión de nuestra mente. Así que si realmente cambiamos nuestras mentes, debería haber alguna evidencia de esto en nuestras vidas. Para crear una nueva realidad o un nuevo destino, debemos tener una visión clara de lo que queremos en nuestro futuro: lo llamamos meta. A medida que empezamos a encontrar personas con ideas afines que viven desde el corazón y compartimos la misma energía, comenzamos a unirnos en un campo de inteligencia, un campo cuántico que está más allá del espacio y del tiempo.

Del mismo modo que los iones se unen electromagnéticamente, la gente que crea una conciencia del corazón, también se une. Una fuerza invisible une los iones y los mantiene unidos. Una conciencia del corazón nos unirá a todos y nos permitirá vivir en un mundo completamente diferente ahora y en el futuro.

JOE DISPENZA

En el momento en que entramos a ese nivel de coherencia del corazón, ya sea que estemos meditando, en la naturaleza o en el Poder Auténtico, comenzamos a experimentar un nivel de alegría y de amor que proviene de nuestro interior. Cuando llegamos a este lugar y nos sentimos completos, estamos en el reino en el que podemos tener cualquier cosa, pero ya no la queremos. Y es entonces cuando los milagros comienzan a ocurrir a nuestro alrededor. Y la organización del universo comienza a aparecer de formas nuevas e inusuales.

Cada uno de nosotros necesita ayudar a crear este cambio, esta nueva Tierra, este nuevo universo.

 ## DEEPAK CHOPRA

Si vemos los grandes problemas que enfrenta la humanidad ahora —ya sea la injusticia social, la pobreza extrema, las disparidades económicas, la guerra, el terrorismo o el caos climático—, esto se debe a que hemos perdido la conexión con nuestra alma y con nuestro corazón.

 ## JANE GOODALL

Si no podemos lograr este equilibrio entre nuestro cerebro inteligente y el amor y la compasión —las cosas que nos deben hacer realmente humanos—, entonces el futuro es muy sombrío.

Muchas personas de todos los sectores de la sociedad comparten estas preocupaciones, pero estamos llegando a un punto de inflexión en el que podemos tener claridad en nuestras intenciones de crear una sociedad desde el corazón.

JOE DISPENZA

Tienes que comenzar a enamorarte de esa posibilidad futura a un grado tal que empieces a sentir que vives realmente en esa realidad. Cuando empezamos a permitirnos sentir este estado sincero de gratitud y alegría, el cuerpo y la mente empiezan a creer que están ahora en esa realidad futura.

 MARIANNE WILLIAMSON

En última instancia, lo único sostenible, la única opción de supervivencia para la raza humana es que comencemos a vivir desde el corazón, que empecemos a vivir con un mayor énfasis; de hecho, desde una perspectiva centrada en el amor.

 GARY ZUKAV

Estamos en medio de una gran transformación sin precedentes. Una transformación que en las próximas generaciones tocará a todos en esta Tierra. Es el despertar de una nueva conciencia humana. Es la expansión de nuestra percepción más allá de los cinco sentidos, y al significado, propósito, compasión y sabiduría que son reales, pero no físicos.

Un número cada vez mayor de personas ve que el corazón es, de hecho, una puerta a una dimensión superior, y que estamos conectados y recibimos oportunidades de oro a través de este nuevo orden de conciencia del corazón.

PAULO COELHO

Tu corazón está abriendo una gran ventana de oportunidades.

MICHAEL BECKWITH

Si accedes a tu corazón, podrás aprovechar el paradigma emergente. Tu experiencia particular será el lugar donde estarás centrando tu atención. Este es un momento muy poderoso.

Esta nueva visión de la humanidad constituye una forma más natural y auténtica de la vida. Incluye relaciones significativas con nuestra pareja, amigos y familiares. Nos permite aprovechar todo nuestro potencial y encontrar satisfacción en nuestra vida y trabajo mientras hacemos una contribución mayor al mundo que nos rodea.

ISABEL ALLENDE

Es hora de un nuevo paso en la evolución. Estoy muy esperanzada, muy optimista, de que esté ocurriendo.

En todo el mundo, las personas y las organizaciones se están dando cuenta de que la calidad de nuestras propias vidas y las de los que nos rodean mejorará tan pronto como empecemos a vivir desde el corazón.

ECKHART TOLLE

Esto no quiere decir que ya esté sucediendo a la mayoría de los seres humanos en el planeta, pero sí a más seres humanos que nunca antes.

JANE GOODALL

La evolución física es un proceso gradual. La evolución cultural está ocurriendo mucho más rápido. Entonces llegamos a la evolución moral, donde empezamos a pensar en la manera correcta de actuar y en la manera equivocada de actuar. Y luego nos movemos hacia la evolución espiritual, donde verdaderamente podemos experimentar lo que creo que los seres humanos son capaces de hacer, que es: ser parte de este gran poder espiritual que siento que nos rodea, que forma parte de la naturaleza, del infinito, del universo.

 ## MARIANNE WILLIAMSON

Muchos de nosotros estamos viendo esto en todo tipo de formas en nuestras propias vidas personales. Y el siguiente paso es tomar los principios que han transformado nuestras vidas y utilizarlos para transformar el mundo.

Esta tendencia se puede ver en nuestra vida, así como en los contextos sociales, económicos y políticos. Las empresas están combinando cada vez más su búsqueda de beneficios financieros con el respeto a las personas y a la sociedad, y también —ya sea que estén o no bajo la presión de organizaciones activistas— a la belleza de nuestro planeta. Las antiguas estrategias para maximizar las ganancias se volvieron ineficaces.

 ## MARIANNE WILLIAMSON

Se trata de pasar del miedo al amor. Es el gran salto evolutivo, tanto dentro de nosotros como dentro de nuestra especie.

Dicho esto, la elección de vivir desde el corazón es una decisión personal. Sólo tú puedes decidir actuar desde el corazón.

GARY ZUKAV

Centrarnos en el corazón es una cuestión de elección, de elección responsable. Es una decisión que sólo puedes tomar tú. Nadie puede hacerlo por ti.

Pero tu decisión es importante.

JANE GOODALL

El mensaje más importante que tengo para cualquier persona es que cada día hacemos una diferencia. Todos los días tenemos un impacto en el mundo que nos rodea, y tenemos la opción de decidir qué tipo de diferencia queremos hacer. Y si pasáramos simplemente un poco de tiempo pensando en las consecuencias de las decisiones que tomamos, entonces creo que la gente empezaría a llevar una vida más significativa.

No debemos, al tratar de pensar cómo podemos hacer una gran diferencia, ignorar las pequeñas diferencias cotidianas que podemos hacer y que, con el tiempo, se suman a las grandes diferencias que a menudo no podemos prever.

—MARIAN WRIGHT EDELMAN

Si prestas atención a la inteligencia de tu corazón, estarás alineando tu personalidad y tu alma, y creando el Poder Auténtico.

DEEPAK CHOPRA

Si queremos corregir estos problemas, tenemos que hacer un cambio y modificar nuestra conciencia. Y la vía para esa modificación es pasar de nuestra cabeza a nuestro corazón.

MICHAEL BECKWITH

Este es nuestro próximo gran salto en la evolución de la humanidad: un ser amoroso que no está pensando en el pequeño yo, sino que piensa desde la perspectiva más amplia del corazón. Empezamos a conectarnos desde nuestro centro, y no sólo desde la personalidad superficial. Es una manera totalmente diferente de moverse por el mundo. Y cuando empezamos a recorrer el mundo así, entonces el reino del bien cada vez más amplio —otro nombre para el cielo— comienza a ser revelado en nuestro planeta.

ROLLIN McCRATY

Las investigaciones nos dicen que no aprender a seguir la inteligencia del corazón conduce a la separación, que en realidad es el problema de fondo en nuestras familias, en nuestras comunidades, y en el mundo entero.

Mientras descubres los muchos poderes del corazón, empiezas a vivir desde una conciencia diferente. Sigues tu corazón. Te sintonizas con la voz de tu alma. Te has sintonizado hacia tu meta. Ahora, encuentras el valor para hacer esas cosas para las que sientes que naciste.

Rollin McCraty *(izquierda)*

GARY ZUKAV

¿Cómo sería eso? Sería un mundo del humano universal. El humano universal es un ser humano que está más allá de la cultura, de la nación, de la religión, del sexo y de la situación económica. Un ser humano cuya primera lealtad es con la Vida con V mayúscula, y todo lo demás está en segundo lugar.

ECKHART TOLLE

Y es sólo a través de la conciencia despierta que los humanos pueden manifestar las cualidades esenciales —las cualidades que son esenciales para la vida humana individual y esenciales a la civilización— que son la compasión, que son la bondad, que son la alegría y la creatividad, que sólo pueden fluir del estado de conexión. Es un mundo nuevo que surge. Y el nuevo mundo que surge depende y es una manifestación del estado de conciencia. Porque cualquier mundo que creamos, lo que experimentamos como el mundo es en realidad un reflejo de nuestro estado de conciencia.

MARIANNE WILLIAMSON

Cuando lleguemos al punto en que hemos experimentado esta transformación dentro de nosotros mismos, donde el hecho de vivir desde el amor y no desde el miedo haya transformado nuestras propias circunstancias de vida, entonces nos convertiremos en canales. Nos convertiremos en conductos y tendremos la au-

toridad moral para afirmar esa posibilidad para el planeta. Po-dremos afirmar esa posibilidad no sólo porque es la teoría, sino porque hemos visto la transformación en nuestras propias vidas.

Mediante el poder asombroso del corazón, todo un mundo nuevo se abre ante ti, en el que no existen coincidencias. Transformas el miedo en amor, aceptas los reveses y los acoges como una oportunidad para el crecimiento espiritual. Perdonas a las personas que te hicieron daño y te liberas del resentimiento. Todo esto debido a que tu corazón puede ver el panorama completo.

MAYA ANGELOU

El corazón estará involucrado en todo aquello hacia donde debemos evolucionar. No podemos ver el cielo del mañana, pero el corazón lo ve. Recibiremos instrucciones para actuar en el cielo del mañana. Lo más probable es que ya lo sepamos, pero en caso de que no lo escuchamos, el corazón nos dirá, si sabemos escucharlo.

Al vivir desde tu corazón serás testigo de los efectos de la bondad del amor en los demás. El poder del corazón es ilimitado, tanto literal como metafóricamente. La civilidad y la bondad son imperativos morales.

—JANE AUSTEN

ECKHART TOLLE

Cuando vives desde el corazón y más seres humanos comienzan a vivir desde el corazón, se crea un efecto de ondulación. Irradia hacia afuera desde donde estás y luego vuelve a ti. Y entonces se extiende y contagia a los demás. Tu estado de conciencia no puede no afectar a los demás. Si estás viviendo desde el corazón, entonces eso es lo que experimentas en los demás. Es casi un milagro que lo que aportes a la interacción con otros seres humanos determine en gran medida lo que recibes de los demás.

MAYA ANGELOU

El corazón es importante en todo lo que hacemos si queremos evolucionar como especie. El corazón es un imperativo. Si vamos a evolucionar para ser mejores ciudadanos, el corazón está involucrado en esa evolución.

MICHAEL BECKWITH

Es aquí a donde nos estamos encaminando: seres centrados en el corazón.

GARY ZUKAV

Mi visión es un mundo de ciudadanos del universo. El humano universal nos está llamando; está llamando. Te está llamando a ti.

El camino está completamente abierto. Al transitar por él, te transformas en una persona de corazón. Las intenciones de tu alma harán crecer una nueva Tierra.

Cada día haces una diferencia. Puedes decir, sumándote a Mahatma Gandhi: «Mi vida es mi mensaje».

LOS COCREADORES: BIOGRAFÍAS

 ISABEL ALLENDE

En 1982, la autora chilena Isabel Allende se hizo famosa en todo el mundo con su primer bestseller *La casa de los espíritus*. El libro lanzó su carrera de escritora y la puso en el mapa de las fuerzas feministas en el campo de la literatura latinoamericana. Sus libros han sido traducidos a más de treinta idiomas y se han vendido más de cincuenta y siete millones de copias en todo el mundo. Su obra es al mismo tiempo entretenida e informativa, pues combina cuentos intrigantes con importantes acontecimientos históricos. Además de la escritura, Isabel Allende dedica gran parte de su tiempo a los derechos humanos. Tras la muerte de su hija Paula en 1992, creó la Fundación Isabel Allende, que trabaja para proteger a las mujeres y niños de todo el mundo. Para más información acerca de Isabel Allende visita www.isabelallende.com.

DRA. MAYA ANGELOU (1928-2014)

La Dra. Maya Angelou era una de las voces más célebres e influyentes de nuestro tiempo. Su obra como poetisa, novelista, memorialista, profesora, dramaturga, productora, actriz, historiadora, cineasta y activista de los derechos civiles ha sido ampliamente alabada. Su obra se compone de más de treinta libros bestsellers, tanto de ficción como de no ficción. Maya era miembro de dos comisiones presidenciales y recibió la Medalla Presidencial de las Artes en 2000, la Medalla Lincoln en 2008, así como tres premios Grammy, y varios doctorados honoris causa. Fue nominada a un premio Tony, a un premio Emmy y al premio Pulitzer. En 2011, el presidente Obama le otorgó la Medalla Presidencial de la Libertad, el honor civil más alto en Estados Unidos. Angelou trabajó como Profesora de Estudios Estadounidenses en la Universidad de Wake Forest en Winston-Salem, Carolina del Norte. Sus palabras y acciones tocan nuestra alma, alimentan nuestro cuerpo, liberan nuestra mente y sanan nuestro corazón. Para obtener más información, por favor visita el sitio web de Maya Angelou en http://mayaangelou.com.

DR. MICHAEL BERNARD BECKWITH

El Dr. Michael Beckwith es un maestro espiritual y autor muy leído. Cada semana, miles de personas se reúnen para escucharlo hablar en el Agape International Spiritual Center en Culver City, California, una comunidad espiritual del movimiento del Nuevo Pensamiento. Ha participado con frecuencia en *Larry King Live,* de CNN y en *The Oprah Winfrey Show.* Junto con otros activistas por la paz y líderes espirituales, como Arun Gandhi, nieto de Mohandas K. Gandhi, Michael es miembro de diversos paneles internacionales. Es también uno de los cofundadores de la Asociación para el Pensamiento Global, organización dedicada a sanar el planeta. Sus numerosos libros incluyen *Inspirations of the Heart*, *A Manifesto of Peace* y *Spiritual Liberation*, ganador del premio Nautilus Book. Beckwith también ha sido ampliamente elogiado por su labor como enviado humanitario de paz. Ha recibido numerosos premios humanitarios, entre ellos el Premio de la Paz de África y el Thomas Kilgore Prophetic Witness Award. Puedes encontrar más información en www.agapelive.com.

 ## DR. DEEPAK CHOPRA, M.D.

Deepak Chopra es médico, autor y orador de fama mundial, con más de sesenta y cinco libros en su haber, entre ellos veintiún bestsellers en el *New York Times*. Su obra, traducida a más de treinta idiomas, ha vendido más de 20 millones de copias en todo el mundo. Es uno de los líderes más conocidos y respetados en el campo de la medicina mente/cuerpo y ha transformado la manera en que vemos el bienestar físico, mental, emocional, espiritual y social. Deepak Chopra ha impartido clases en las facultades de medicina de la Universidad de Boston y de la Universidad de Harvard, y ha trabajado como jefe de personal en el New England Memorial Hospital. La revista *Time* lo nombró una de las cien personas más influyentes del siglo xx. En 2010 recibió el Premio Humanitario Starlite, así como el prestigioso Premio GOI Peace. El Albert Einstein College de Medicina y el *American Journal of Psychotherapy* le otorgaron el Premio Einstein. Para obtener más información, por favor visita www.chopra.com.

PAULO COELHO

Paulo Coelho es uno de los autores más leídos del mundo. Ha recibido numerosos premios de prestigio internacional, entre ellos el Premio Cristal del Foro Económico Mundial y la Legión de Honor francesa. En 2007 fue nombrado Mensajero de Paz de las Naciones Unidas. En 1986 emprendió la peregrinación a Santiago de Compostela en España, lo que supuso un punto de inflexión en su vida. Allí, experimentó un despertar espiritual que describió en su primer libro *El peregrino*. Al año siguiente escribió *El alquimista*. A nivel mundial, *El alquimista* vendió más de 65 millones de copias, convirtiéndose en uno de los libros más vendidos de la historia. Se ha traducido a no menos de setenta y un idiomas diferentes. En total, Paulo Coelho ha vendido más de 150 millones de libros en más de 150 países. En 1996 estableció el Instituto Paulo Coelho, que proporciona ayuda a niños y padres con problemas financieros. Para obtener más información, consulta www.paulocoelho.com.

DR. JOE DISPENZA

El Dr. Joe Dispenza es un conocido neurocientífico, quiropráctico, maestro y autor. Estudió Ciencias Bioquímicas en la Universidad de Rutgers en New Brunswick, Nueva Jersey, y se graduó magna cum laude en Quiropráctica de la University of Life en Atlanta, Georgia. Es una autoridad en el campo de la neurología y las neurociencias, la función cerebral y la formación de la memoria. Es autor de numerosos artículos científicos sobre la relación entre el cerebro y el cuerpo, el establecimiento de vínculos entre el pensamiento, la conciencia, el cerebro y el poder de la razón. Ha demostrado que cuando alteramos nuestra mente, nuestro cerebro cambia también y podemos reprogramarlo si rompemos con ciertos hábitos. Joe Dispenza es miembro honorario de la Junta Nacional de Examinadores de Quiropráctica y ha recibido la Mención de Aptitud Clínica por la excelencia clínica. El sitio web de Joe Dispenza es www.drjoedispenza.com.

LINDA FRANCIS

Linda Francis es maestra y autora espiritual. También trabajó como enfermera por tres décadas y es quiropráctica certificada. Con su compañero espiritual Gary Zukav, el otro cocreador de *El poder del corazón*, ha escrito dos bestsellers en el *New York Times*: *The Heart of the Soul: Emotional Awareness* y *The Mind of the Soul: Responsible Choice*. Es también coautora de *Thoughts from the Heart of the Soul* y *Self-Empowerment Journal: A Companion to the Mind of the Soul*. Juntos, Linda Francis y Gary Zukav fundaron el Seat of the Soul Institute, una organización que ofrece programas y eventos educativos para ayudar a las personas a crear el Poder Auténtico. Para obtener más información acerca de Linda Francis, visita http://seatofthesoul.com, la página web del Seat of the Soul Institute.

DR. JANE GOODALL, PhD., DBE

La Dra. Jane Goodall es una famosa primatóloga británica, antropóloga, autora y Mensajera de Paz de la ONU. Es la fundadora del Instituto Jane Goodall, una organización con la que ha realizado un gran esfuerzo de conservación y protección de animales. A los veintiséis años, Jane viajó desde Inglaterra a Tanzania, donde ingresó en el entonces poco conocido mundo de los chimpancés salvajes. Considerada como la primera experta del mundo en chimpancés, Jane tal vez sea mejor conocida por su estudio de cuarenta y cinco años sobre la interacción entre los chimpancés salvajes. Jane Goodall ha recibido una gran cantidad de premios y reconocimientos por su labor humanitaria y de conservación, entre las que se incluyen la Medalla de Oro para la Conservación de la Sociedad Zoológica de San Diego y el Premio Centenario de la National Geographic Society. En 2000, las Naciones Unidas le otorgó el tercer premio Gandhi/King a la No Violencia. En 2002, el entonces secretario general de la ONU, Kofi Annan, la nombró Mensajera de Paz y en 2004 fue nombrada Dama Comandante de la Orden del Imperio Británico. Jane Goodall continúa viajando unos 300 días al año y da conferencias en todo el mundo. Para obtener más información, por favor visita www.janegoodall.org.

JOHN GRAY, PhD.

John Gray es, sin duda, el experto en relaciones más conocido del mundo. Su innovador libro *Los hombres son de Marte, las mujeres son de Venus* fue el más vendido de la década de 1990. John Gray ayuda a hombres y mujeres a entender, respetar y apreciar las diferencias del otro, tanto en las relaciones personales como en las profesionales. Ha vendido más de 50 millones de copias de sus libros en cincuenta idiomas diferentes. Su serie de libros *Marte-Venus* ha cambiado la manera en que hombres y mujeres observan sus roles en una relación. John enseña a individuos y comunidades maneras sencillas de mejorar sus relaciones y métodos de comunicación. Y también les muestra cómo utilizar las diferencias entre hombres y mujeres para desarrollar una relación saludable, llena de amor y pasión. John Gray ha aparecido en varios programas de televisión, incluyendo *The Oprah Winfrey Show*, *Dr. Oz*, *The Today Show*, el *CBS Morning Show*, *Good Morning America*, *The Early Show* y *The View*. También ha recibido una amplia cobertura en publicaciones impresas como *Time*, *Forbes*, *USA Today*, *TV Guide* y *People*. Visita el sitio web de John Gray: www.marsvenus.com.

 ## ROLLIN McCRATY, PhD.

Rollin McCraty es vicepresidente y jefe del equipo de investigación en el Instituto HeartMath en Boulder Creek, California, que ha llevado a cabo una investigación científica sobre la inteligencia del corazón desde 1991. Es una autoridad internacional en el campo de la coherencia cardíaca y los efectos de las emociones positivas y negativas en la psicofisiología humana. En su papel como director científico ha desarrollado numerosos estudios sobre los efectos de las emociones en la interacción corazón-cerebro y el sistema inmunológico. Él y su equipo de investigación han participado en diversos estudios conjuntos con otras instituciones académicas y médicas, como la Universidad de Stanford y el Instituto de Investigación del Corazón de Miami. Rollin McCraty tiene numerosas publicaciones científicas en su haber, muchas de las cuales han aparecido en las principales revistas científicas, incluyendo el *American Journal of Cardiology*, *Stress Medicine* y *Biological Psychology*. Para obtener más información acerca de Rollin McCraty y del Instituto HeartMath, visita www .heartmath.org.

 HOWARD MARTIN

Howard Martin es vicepresidente del Instituto HeartMath en Boulder Creek, California, donde se han realizado investigaciones científicas sobre la inteligencia del corazón desde 1991. Ha jugado un papel crucial en diversos estudios científicos sobre la influencia positiva del corazón en la salud, el bienestar emocional y la inteligencia humana, y está detrás de un programa científico único que busca mejorar los logros individuales y colectivos, así como la salud y una sensación de bienestar a través del corazón. Howard Martin es un orador muy solicitado para conferencias internacionales y ofrece talleres para empresas e individuos en todo el mundo, así como para el ejército de EE.UU. Ha dado numerosas entrevistas sobre la inteligencia del corazón, ha aparecido en *Good Morning America*, y ha participado en programas de Discovery Channel y CNN, y en *The Boston Globe*. Para obtener más información acerca de Howard Martin y del Instituto HeartMath, visita www.heartmath.org.

 RUEDIGER SCHACHE

Ruediger Schache es maestro y autor espiritual alemán. Después de graduarse de economía y psicología de la Universidad de Múnich, cambió su trabajo como jefe del departamento de publicidad de una reconocida empresa alemana por una intensa búsqueda espiritual. Tenía treinta y ocho años en ese momento. Pasó varios años en Estados Unidos y viajó extensivamente a través de varios continentes, donde redescubrió el conocimiento antiguo y tradicional sobre la personalidad y la conciencia. Los libros de Ruediger han sido publicados en veintiséis idiomas y se han vendido más de 2 millones de copias en todo el mundo. Su libro *Los secretos del magnetismo del corazón* estuvo más de ochenta y cuatro semanas en la prestigiosa lista de bestsellers de *Der Spiegel*, la publicación semanal más grande e influyente de Alemania. Paralelamente a su actividad como conferencista y autor, él y su esposa dirigen el Instituto para la Investigación de la Conciencia en Múnich, Alemania. Para obtener más información sobre Ruediger Schache, visita www.ruedigerschache.com.

 ## MARCI SHIMOFF, MBA

Marci Shimoff es una de las mayores expertas estadounidenses en el campo de la felicidad, el éxito y el amor incondicional. Es autora de los éxitos *Ama porque sí* y *Feliz porque sí* en los que comparte ideas innovadoras sobre el gran secreto detrás de un amor y felicidad duraderos. También es coautora de la serie de libros mundialmente famosa *Sopa de pollo para el alma*. Sus libros han sido traducidos a treinta y un idiomas y han aparecido en muchas listas de bestsellers, incluyendo el *New York Times*, Amazon y el *Wall Street Journal*. Ha vendido un total de 14 millones de libros en todo el mundo. Marci Shimoff da conferencias y seminarios, tanto en Estados Unidos como en el extranjero, y ha tocado los corazones de millones de personas en todo el mundo con temas tan comentados como la importancia de la autoestima y la confianza en sí mismo. Tiene un MBA y es la presidenta y cofundadora de The Esteem Group, con el que busca ayudar a las mujeres a sacarle más provecho a sus vidas. Visita su sitio: www.happyfornoreason.com.

 ## DEAN SHROCK, PhD.

Dean Shrock es psicólogo y autor de los éxitos *Doctor's Orders: Go Fishing* y *Why Love Heals*. Después de haber llevado a cabo varios estudios científicos sobre el impacto positivo de la alegría en la calidad y duración de la vida de los pacientes con cáncer, llegó a la sorprendente conclusión de que la sensación de ser amado y cuidado tiene una influencia positiva en la esperanza de vida de los pacientes con cáncer, y que el amor puede incluso tener un efecto curativo. Dean Shrock estudió en la Universidad Estatal de Cleveland en Cleveland, Ohio, y obtuvo su doctorado en psicología aplicada por la Universidad de Akron en Akron, Ohio. Desarrolló una propuesta para la Clínica de Cleveland con el fin de investigar la eficacia de la visualización guiada en pacientes con cáncer y poco después comenzó su investigación psicológica en el tratamiento del cáncer en el Centro de Cáncer Simonton en Malibú, California. Para obtener más información, visita www.deanshrock.com.

 ECKHART TOLLE

Eckhart Tolle es un maestro y autor espiritual cuyas enseñanzas profundas pero accesibles han ayudado a innumerables personas en todo el mundo a encontrar la paz interior y una mayor satisfacción en la vida. Nacido en Alemania, estudió en la Universidad de Londres y en la Universidad de Cambridge. Es autor de *El poder del ahora*, bestseller en el *New York Times* que ha sido publicado en treinta y tres idiomas, y su secuela *Una nueva Tierra*. Ambos son ampliamente considerados como dos de los libros espirituales más influyentes de nuestra época. En el núcleo de sus enseñanzas está la transformación de la conciencia, un despertar espiritual que él ve como el siguiente paso en la evolución humana. Eckhart Tolle es un orador muy solicitado y enseña y viaja por todo el mundo. Muchas de sus conferencias y seminarios se han publicado en CD y DVD. En EckhartTolleTV.com, ofrece conferencias mensuales, dirige meditaciones en vivo y responde a las preguntas de los espectadores. Para obtener más información, visita www.eckharttolle.com.

 NEALE DONALD WALSCH

Neale Donald Walsch es un maestro espiritual contemporáneo cuyas palabras han conmovido a personas en todo el mundo. Su serie de libros *Conversaciones con Dios* ha sido traducida a no menos de treinta y siete idiomas y ha cambiado la vida de millones de personas. Además de esta serie, ha publicado otros dieciséis títulos. Sus libros de diálogos *Conversaciones con Dios* están disponibles actualmente en todo el mundo y han llegado a la lista de bestsellers del *New York Times*. Su trabajo lo ha llevado desde las escalinatas de Machu Picchu en Perú a las escaleras de los santuarios sintoístas de Japón; de la Plaza Roja en Moscú a la Plaza de San Pedro en el Vaticano y a la Plaza de Tiananmen en China. Dondequiera que va, detecta una sed entre la gente por una nueva forma de vivir en paz y armonía. Ha logrado enseñar a la gente una nueva comprensión de la vida y de Dios. Para obtener más información acerca de Neale Donald Walsch, puedes visitar www.nealedonaldwalsch.com.

MARIANNE WILLIAMSON

Marianne Williamson es una autora y maestra espiritual muy elogiada, e invitada popular de series de televisión como *The Oprah Winfrey Show, Larry King Live, Good Morning America* y *Charlie Rose*. Cuatro de sus diez libros fueron bestsellers en el *New York Times*, incluyendo *Volver al amor*, considerado una obra de autoridad dentro de la nueva espiritualidad. Su trabajo se basa en un enfoque del Nuevo Pensamiento que ve al amor y al perdón como la clave para la interacción humana. En un sondeo de opinión de la revista *Newsweek* en 2006, fue nombrada como una de las cincuenta «baby boomers» más influyentes. Otras obras conocidas de Marianne Williamson incluyen *La edad de los milagros, La plenitud del amor, Illuminata, Un curso para perder peso, El don del cambio* y *The Law of Divine Compensation*. Para obtener más información, por favor visita www.marianne.com.

 ## GARY ZUKAV

Gary Zukav es maestro espiritual y autor elocuente de cuatro bestsellers sucesivos en el *New York Times*. Se graduó de la Universidad de Harvard y fue oficial de las Fuerzas Especiales en Vietnam antes de escribir *La danza de los maestros de Wu Li,* su primer libro. Ganó el American Book Award en la categoría de Ciencia. Su segundo libro, *El asiento del alma*, sobre la alineación de la personalidad con el alma, fue muy bien recibido por millones de personas. Estuvo treinta y un veces en la lista de bestsellers del *New York Times,* durante un total de tres años. Su visión, presencia reflexiva y entusiasmo contagioso han hecho que Gary Zukav sea muy querido por millones de telespectadores. Ha aparecido treinta y cuatro veces en *The Oprah Winfrey Show* y ha vendido seis millones de copias de sus libros en treinta y dos idiomas. En 1993 conoció a Linda Francis, su compañera espiritual y otra cocreadora de *El poder del corazón*. En compañía de Linda, fundó el Seat of the Soul Institute, una organización que busca ayudar a las personas a encontrar sentidos, propósitos, creatividad, salud, alegría y amor. Para obtener más información sobre Gary Zukav y el Seat of Soul Institute, consulta www.seatofthesoul.com.

SOBRE EL AUTOR

BAPTIST DE PAPE

Baptist de Pape, nacido en 1977 en Brasschaat, Bélgica, es un explorador espiritual, autor y director de cine. Asistió a la Escuela de Derecho de la Universidad Tilburg en los Países Bajos, pero después de graduarse —y de un par de ofertas de empleo lucrativas— experimentó un despertar espiritual que lo llevó a abandonar el mundo estrictamente práctico de las leyes.

De Pape explora el ámbito del corazón y lo que significa vivir desde él, en lugar de vivir simplemente desde la cabeza. Este cambio de énfasis condujo directamente a algunos eventos sorprendentemente sincrónicos.

De su despertar espiritual surgió una película en la que entrevistaría a los principales maestros espirituales, autores y científicos del mundo actual. Baptist filmó y se hizo buen amigo de muchos de sus entrevistados, y fue generosamente ayudado por Gary Zukav, Eckhart Tolle, Maya Angelou, Isabel Allende y otros.

🖐 www.thepoweroftheheart.com
🅵 The Power of the Heart
🇹 #TPOTH

SIMON GREINER

Simon Greiner es un diseñador e ilustrador originario de Sydney que vive en Brooklyn, Nueva York. Su trabajo ha sido incluido en *Grantland* y en la portada del *New Yorker*. Greiner es autor e ilustrador de varios libros.

AGRADECIMIENTOS

Desde el fondo de mi corazón, me gustaría reconocer y expresar mi gratitud a los dieciocho cocreadores de *El poder del corazón*: Isabel Allende, Maya Angelou, Michael Beckwith, Deepak Chopra, Paulo Coelho, Joe Dispenza, Linda Francis, Jane Goodall, John Gray, Rollin McCraty, Howard Martin, Ruediger Schache, Marci Shimoff, Dean Shrock, Eckhart Tolle, Neale Donald Walsch, Marianne Williamson y Gary Zukav. A través de sus puntos de vista e historias inspiradoras, hicieron contribuciones únicas a mi propia visión y viaje.

El poder del corazón es un proyecto que he terminado junto a dos amigos muy valiosos: Arnoud Fioole y Mattijs van Moorsel. Quiero agradecer a ambos por acompañarme en esta maravillosa aventura. Sin ellos, este proyecto nunca habría sido una realidad. Un agradecimiento especial a Arnoud por unirse a mí para escribir este libro.

También quiero agradecer a mis queridos amigos Steven Goldhar, Allan Hunter, Evelien Peelen, Ivo Valkenburg, Gary Zukav, Linda Francis y Marci Shimoff por su amor y apoyo ilimitados.

Quiero agradecer también a:

Judith Curr, la fuerza impulsora detrás de Atria Books, de Simon & Schuster, y a su magnífico equipo, incluyendo a Leslie Meredith, su magnífica editora. Y, por supuesto, al equipo de VBK/Kosmos en los Países Bajos: Wiet de Bruijn, Martine Litjens, Dorien van Londen, Pieter de Boer, Simone Regouin y Yolande Michon.

A Alain de Levita y su dedicado equipo de NL Film, y a Drew Heriot, el director de la película *El poder del corazón*.

Quiero agradecer también a algunos seguidores especiales de nuestro proyecto: Annemarie Fioole-Bruining, Rietje van Moorsel, Fleur van Dijk, Carolyn Rangel, Kim Eng, Wendy Zahler, Simon Greiner, Frans Schraven, Han Kooreneef, Richard Rietveld, Ted Baijings, Fred Matser, Aldo de Pape, Bob Levine, Lilou Mace, Gaby Boehmer, Kim Forcina y Len Branson.

Y, finalmente, a mis queridos padres: Thera Lubbe Bakker y Arnold de Pape.

Texto por Baptist de Pape y Arnoud Fioole • Contribuciones por Isabel Allende; Maya Angelou; Michael Beckwith; Deepak Chopra; Paulo Coelho; Joe Dispenza; Linda Francis; Jane Goodall; John Gray; Rollin McCraty; Howard Martin; Ruediger Schache; Marci Shimoff; Dean Shrock; Eckhart Tolle; Neale Donald Walsch; Marianne Williamson; Gary Zukav • Illustraciones y diseño por Simon Greiner, Inc. • Paginación por Leydiana Rodríguez-Ovalles • Directora de arte Jeanne Lee • Directora y presidente: Judith Curr • Editora: Leslie Meredith • Editora de producción: Jessica Chin • Productores de la película: Baptist de Pape, Arnoud Fioole, Mattijs van Moorsel • Director de la película: Drew Heriot

CRÉDITOS FOTOGRÁFICOS